教科書ワーク

もくじ

光村図書版

かん字2年

	教科書ページ	この本のページ
ふきのとう 図書館《かん》たんけん	19～35	**2～5**
春が　いっぱい／**日記を　書こう** **ともだちは　どこかな**	36～43	**6～9**
たんぽぽの　ちえ	45～54	**10～13**
かんさつ名人に　なろう 同じ　ぶぶんを　もつ　かん字	56～66	**14～18**
スイミー／かん字の　ひろば① メモを　とる　とき	67～83	**19～23**
こんな　もの、見つけたよ **あったらいいな、こんなもの**／夏がいっぱい **お気に入りの本をしょうかいしよう／ミリーのすてきなぼうし**	84～113	**24～29**
夏休み　まとめのテスト①・②	19～113	**30～33**
ことばでみちあんない／みの回りのものを読もう 書いたら、見直そう／かん字のひろば②	116～122	**34～38**
どうぶつ園のじゅうい ことばあそびをしよう	123～137	**39～43**
なかまのことばとかん字 かん字のひろば③	138～140	**44～49**
お手紙 主《しゅ》語と述《じゅつ》語に　気をつけよう	13～30	**50～55**
かん字の読み方／秋がいっぱい **そうだんにのってください**	31～40	**56～61**
紙コップ花火の作り方／おもちゃの作り方をせつめいしよう にたいみのことば、はんたいのいみのことば／かん字のひろば④	41～56	**62～66**
みきのたからもの 冬がいっぱい	57～81	**67～69**
冬休み　まとめのテスト①・②	㊤116～㊦81	**70～73**
かたかなで書くことば **ロボット**／カンジーはかせの大はつめい **すてきなところをつたえよう**	84～110	**74～78**
スーホの白い馬／かん字の広場⑤ **楽しかったよ、二年生**	111～135	**79～83**
2年　しあげのテスト①・②		**84～88**

教科書㊤　教科書㊦

答えとてびき（とりはずすことができます）……別冊《べっさつ》

【イラスト】artbox、かつまたひろこ、小山敬子、みやもとかずみ

どんな　おはなしかを　たしかめて、音読しよう

きほんのワーク

ふきのとう
図書館《かん》たんけん

きょうかしょ　上19～35ページ

べんきょうした日　月　日

ふきのとう

◆「読み方」の　赤い　字は　きょうかしょで　つかわれて　いる　読みです。　は　まちがえやすい　かん字です。

19ページ

読　ごんべん

ながく　はねる　はらう　まげる

14かく

読み方：ドク・トク・トウ　よむ

つかい方：音読《おんどく》・読書《どくしょ》　本を読《よ》む

21ページ

雪　あめかんむり

はねる　とめる

11かく

読み方：セツ　ゆき

つかい方：新雪《しんせつ》・大雪《おおゆき》　雪《ゆき》がふる

22ページ

声　さむらい

すこしながく　はらう

7かく

読み方：セイ・（ショウ）　こえ・（こわ）

つかい方：音声《おんせい》・名声《めいせい》　声《こえ》を出す・歌声《うたごえ》

22ページ

言　げん

ながく

7かく

読み方：ゲン・ゴン　いう・こと

つかい方：言語《げんご》・でん言《ごん》　いけんを言《い》う・言葉《ことば》

23ページ

行　ぎょう

みじかく　ながく　ながく　はねる

6かく

読み方：コウ・ギョウ　（アン）　いく・ゆく・おこなう

つかい方：行《こう》どう・行《ぎょう》をかえる　山へ行《い》く・大会《たいかい》を行《おこな》う

25ページ

南　じゅう

つき出さない　とめる　はねる

9かく

読み方：ナン・（ナ）　みなみ

つかい方：南北《なんぼく》・南《なん》きょく　南《みなみ》をむく

33ページ

図

図 くにがまえ

はらう　とめる

7かく

図 図 図 図 図 図 図

読み方

ズ・ト

(はかる)

つかい方

図工《ずこう》・合図《あいず》・地図《ちず》

図書館《としょかん》

33ページ

書

書 ひらび

つき出す　ながく

10かく

書 書 書 書 書 書 書 書 書 書

読み方

ショ

かく

つかい方

図書館《としょかん》・書店《しょてん》

字を書《か》く

34ページ

方

方 ほう

まっすぐ　はらう　はねる

4かく

方 方 方 方

読み方

ホウ

かた

つかい方

方《ほう》ほう・まえの方《ほう》

おり方《かた》・夕方《ゆうがた》

ちゅうい!

「方」の 書きじゅん。

「方方方方」と 書くよ。

三かく目と 四かく目に

ちゅういして 書こう。

34ページ

絵

絵 いとへん

つける　はらう　はらう　ながく　とめる

12かく

絵 絵 絵 絵 絵 絵 絵 絵 絵 絵 絵 絵

読み方

カイ・エ

―

つかい方

絵画《かいが》

絵本《えほん》・絵《え》のぐ

でき方

「絵」の でき方。

「糸」(いと)と 「会」(あつめる)から

できた かん字だよ。

ししゅうや えを あらわすよ。

糸 + 会

35ページ

知

知 やへん

つき出さない　はらう　とめる

8かく

知 知 知 知 知 知 知 知

読み方

チ

しる

つかい方

通知《つうち》・知《ち》しき

はじめて知《し》る

読み方が あたらしい かん字

19ページ	19	33	34
音 オン	読 ドク	虫 チュウ	書 かく
音読《おんどく》		こん虫《ちゅう》	書《か》く

ものしりメモ

「声」の かたちに 気を つけよう。「士」の ぶぶんは、上の よこかくを ながく、下の よこかくを みじかく 書こう。

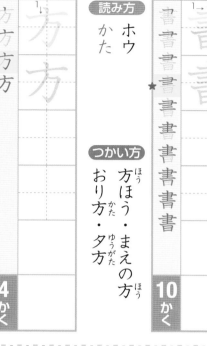

れんしゅうのワーク
ふきのとう
図書館《かん》たんけん

きょうかしょ　㊤19～35ページ

こたえ　1ページ

べんきょうした日　月　日

1　あたらしい　かん字を　よみましょう。

① 19ページ　本を　読む。

② 音読する。

③ 雪が　のこる。

④ 小さな　声が　する。

⑤ おれいを　言う。

⑥ とおくへ　行く。

⑦ 南を　むく。

⑧ 33ページ　図書館《かん》の　本。

⑨ こん虫の　本が　ならぶ。

⑩ ノートに　書く。

⑪ おりがみの　おり方。

⑫ 絵本を　さがす。

⑬ 知りたい　ことが　ある。

⑭ 読書を　する。

⑮ 赤い　絵の　ぐで　ぬる。

2　あたらしい　かん字を　かきましょう。〔　〕は、ひらがなも　かきましょう。

1 （19ページ） 手がみを［　　］《よむ》。

2 □□《おんどく》の れんしゅう。

3 □《ゆき》が つもる。

4 □《こえ》が する。

5 みんなに［　　］《いう》。

6 学校へ［　　］《いく》。

7 □《みなみ》の 空を 見る。

8 （33ページ） □□《としょ》館《かん》で しらべる。

9 こん□《ちゅう》を つかまえる。

10 名まえを［　　］《かく》。

11 花の そだて□《かた》。

12 □□《えほん》を かりる。

13 いみを［　　］《しる》。

3 かん字で かきましょう。（〰は、ひらがなも かきましょう。ふとい 字は、この かいで ならった かん字を つかった ことばです。）

1 ほんを **おんどく**する。

□

2 しろい **ゆき**が ふる。

□

3 **としょ**かんへ いく。

□

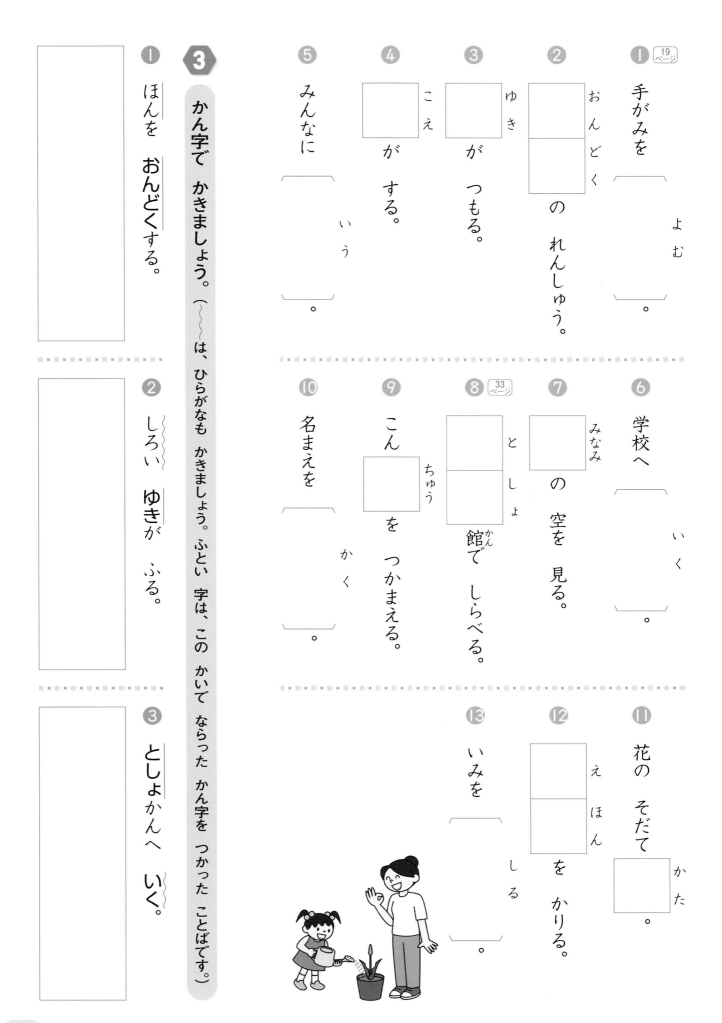

思い出して　書こう／だいじな　ことを　おとさないように　聞こう

きほんのワーク

春が　いっぱい／日記を　書こう
ともだちは　どこかな

きょうかしょ　上36〜43ページ

べんきょうした日　月　日

春が　いっぱい／日記を　書こう

◆「読み方」の 赤い 字は きょうかしょで つかわれて いる 読みです。●は まちがえやすい かん字です。

36ページ

春（ここでつける・ながく・はらう・はらう）

春　ひ

読み方　シュン　はる

つかい方　春分《しゅんぶん》・早春《そうしゅん》　春《はる》になる

9かく

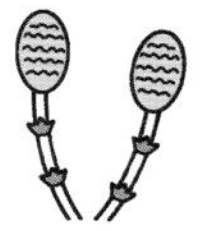

38ページ

思（とめる・まげる・はねる）

思　こころ

読み方　シ　おもう

つかい方　思考《しこう》・意思《いし》　思《おも》い出す・よいと思《おも》う

9かく

でき方

「思」の でき方。
「田」(あたま)と 「心」(こころ)から できた かん字だよ。
あたまと こころで、よく かんがえる こと を あらわすよ。

38ページ

記（はねる）

記　ごんべん

読み方　キ　しるす

つかい方　日記《にっき》・記《き》ごう　名まえを記《しる》す

10かく

ちゅうい！

「記」の 書きじゅん。
「己」の ぶぶんは、「己己己」と 三かくで 書くよ。
つづけて 書かないように 気を つけよう。

二かいずつ　書いて　れんしゅうしよう

思い出す

日記

38ページ

曜

ひへん

ほそく　わすれない

読み方

ヨウ

—

つかい方

日曜日《にちようび》・土曜日《どようび》

水曜日《すいようび》に行く

18かく

「曜」の　書きじゅん。

かくすうが　おおい　かん字は、書きじゅんに気を　つけよう。

はらう　ところなど、こまかい　ところにも

ちゅういして　書こうね。

ちゅうい！

39ページ

肉

にく

つき出す　とめる　とめる　はねる

読み方

ニク

—

つかい方

ひき肉《にく》

牛肉《ぎゅうにく》をたべる

6かく

「肉」の　かたち。

○ 肉　中の　「人」は　二つ。

× 内

ちゅうい！

40ページ

話

ごんべん

つける

読み方

ワ

はなす・はなし

つかい方

会話《かいわ》・電話《でんわ》

先生と話《はな》す・むかし話《ばなし》

13かく

「話」の　読み方。

「話す」の　ときは　「はなす」、

「お話」の　ときは　「おはなし」。

読み方が　ちがうね。

ちゅうい！

40ページ

聞

みみ

つき出さない　とめる　はねる

読み方

ブン・(モン)

きく・きこえる

つかい方

新聞《しんぶん》

話を聞《き》く・声が聞《き》こえる

14かく

読み方が　あたらしい　かん字

36ページ

生《は》える

生《は》える

40

声　セイ

音声《おんせい》

ものしりメモ

「記」と　「話」は、どちらも　「言」が　つくね。「言」は、ことばに　かんけいの　ある　かん字に　つく　ことが　おおいよ。

れんしゅうのワーク 春が いっぱい／日記を 書こう ともだちは どこかな

きょうかしょ 上36～43ページ
こたえ 1ページ

べんきょうした日 月 日

1 あたらしい かん字を 読みましょう。

① 36ページ 春（　　）が いっぱい。

② つくしが 生（　　）える。

③ 38ページ した ことを 思（　　）い出す。

④ 日記（　　）に 書く。

⑤ 日曜日（　　）の できごと。

⑥ ひき肉（　　）を まぜる。

⑦ 40ページ 絵を 見て 話（　　）す。

⑧ だいじな ことを 聞（　　）く。

⑨ 音声（　　）が ながれる。

⑩ おもしろいと 思（　　）う。

⑪ 水曜日（　　）に あそぶ。

⑫ 肉（　　）の うりば。

2 あたらしい かん字を 書きましょう。〔　〕は、ひらがなも 書きましょう。

① 36ページ □《はる》が くる。

② 草が 〔　　　〕《はえる》。

③ 38ページ ようじを 〔　　　〕《おもい》だす。

④ □□《にっき》を 書く。

⑤ □□□《にちようび》に なる。

⑥ ひき□《にく》を かう。

⑦ 40ページ ともだちと 〔　　〕《はなす》。

⑧ 名まえを 〔　　〕《きく》。

⑨ □□《おんせい》が きこえる。

⑩ うれしく 〔　　〕《おもう》。

⑪ □《にく》を たべる。

3 かん字で 書きましょう。（〰は、ひらがなも 書きましょう。ふとい 字は、この かいで ならった かん字を つかった ことばです。）

① **はる**の はなが さく。

② てがかりを **おもい**だす。

③ **にちようび**の てんき。

④ **にく**を かいに いく。

⑤ せんせいに **はなす**。

⑥ むしの こえを **きく**。

じゅんじょに 気を つけて 読もう

きほんのワーク

たんぽぽの ちえ

◆「読み方」の 赤い 字は きょうかしょで つかわれて いる 読みです。●は まちがえやすい かん字です。

きょうかしょ 上45～54ページ

べんきょうした日 月 日

たんぽぽの ちえ

46ページ

黄 き

読み方
(コウ)・オウ
き・(こ)

つかい方
黄金《おうごん》
黄色《きいろ》い花

11かく

「黄」の かたち。
○ 黄
× 黄
「由」の ぶぶんを、「田」と 書かないように 気を つけよう。

46ページ

色 いろ

読み方
ショク・シキ
いろ

つかい方
原色《げんしょく》・色紙《しきし(いろがみ)》
色《いろ》えんぴつ

6かく

47ページ

黒 くろ

読み方
コク
くろ・くろい

つかい方
黒板《こくばん》
黒《くろ》っぽい・黒《くろ》いくつ

11かく

48ページ

太 だい

読み方
タイ・タ
ふとい・ふとる

つかい方
太陽《たいよう》・丸太《まるた》
太《ふと》いえだ・犬が太《ふと》る

4かく

48ページ

毛 け

読み方
モウ
け

つかい方
毛《もう》ひつ・羊毛《ようもう》
わた毛《げ》・かみの毛《け》

4かく

書きじゅん 1 2 3 4 5　まちがえやすいところ …★

50ページ

高 たかい

高

まっすぐ　とめる　はねる

読み方

コウ
たかい・たか
たか**まる**・たか**める**

つかい方

高原《こうげん》・せいが高《たか》い
気もちが高《たか》まる

10かく

50ページ

風 かぜ

風

つき出さない　はらう　はねる　とめる

読み方

フウ・(フ)
かぜ・かざ

つかい方

風船《ふうせん》・台風《たいふう》
風《かぜ》がふく・風上《かざかみ》

9かく

50ページ

晴 ひへん

晴

はねる　とめる

読み方

セイ
はれる・は**らす**

つかい方

晴天《せいてん》・かい晴《せい》
晴《は》れた日・見晴《みは》らし

12かく

「晴」の おぼえ方。

晴

「お日さま」と 「青」い 空で
「はれ」と おぼえよう。

51ページ

多 た ゆうべ

多

はらう　下を大きく

読み方

タ
おおい

つかい方

多少《たしょう》・多数《たすう》
人が多《おお》い

6かく

51ページ

新 きん おのづくり

新

まっすぐ　みじかくとめる　とめる

読み方

シン
あたらしい
あら**た**・にい

つかい方

新聞《しんぶん》・新《あたら》しいなかま
新《あら》たな気もち・新潟《にいがた》

13かく

52ページ

考 おいかんむり

考

ながくはらう　ながく　はねる

読み方

コウ
かんが**える**

つかい方

参考《さんこう》・思考《しこう》
よく考《かんが》える

6かく

読み方が 新しい かん字

51ページ
気《ケ》
しめり気《け》
52
行《ギョウ》
一行目《いちぎょうめ》

ものしりメモ 「多い」は、「おおい」と 読むよ。「おうい」では ないので 気を つけようね。

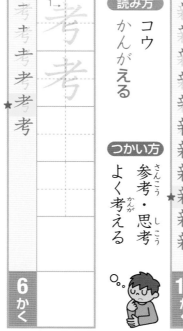

れんしゅうのワーク

たんぽぽの　ちえ

きょうかしょ　上45～54ページ
こたえ　1ページ

べんきょうした日　月　日

1 あたらしい　かんじを　読みましょう。

1 (45ページ) （　）黄色い　たんぽぽ。

2 （　）黒っぽい　いろ。

3 たねを　（　）太らせる。

4 わた（　）毛が　できる。

5 せいが　（　）高い。

6 （　）風が　あたる。

7 よく　（　）晴れた　日。

8 しめり（　）気が　ある。

9 雨が　（　）多い。

10 （　）新しい　なかま。

11 （　）考えて　音読する。

12 （　）一行目の　ことば。

2 あたらしい　かんじを　かきましょう。〔　〕は、ひらがなも　かきましょう。

1 (45ページ) □□《きいろ》い　ぼうし。

2 □《くろ》っぽい　ふくを　きる。

3 たねが　〔　　〕《ふとる》。

4 たんぽぽの わた□《げ》。

5 （　）《たかい》 たてもの。

6 つよい □《かぜ》。

7 あさから （　）《はれる》。

8 しめり□《け》の ある 土。

9 草が （　）《おおい》。

10 （　）《あたらしい》 えんぴつ。

11 じぶんで （　）《かんがえる》。

12 □□□《いちぎょうめ》の 文。

3 かんじで かきましょう。（〜〜は、ひらがなも かきましょう。ふとい じは、この かいで ならった かんじを つかった ことばです。）

1 **きいろ**い えのぐ。

2 **くろ**の ペンで じを かく。

3 **たかい** やまに のぼる。

4 そらが **はれる**。

5 しめり**け**が **おおい**。

6 **あたらしい** ほんを かう。

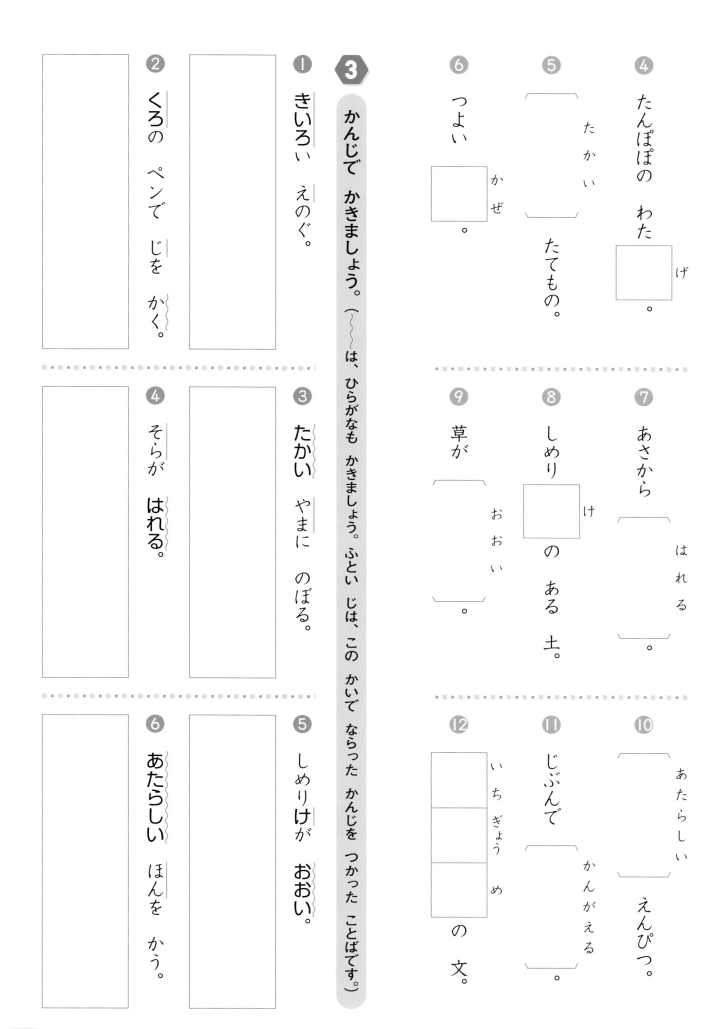

きほんのワーク

かんさつ名人に なろう
同じ ぶぶんを もつ かん字

きょうかしょ 上56〜66ページ

べんきょうした日 月 日

かんさつ名人に なろう

◆「読み方」の 赤い 字は きょうかしょで つかわれて いる 読みです。●は まちがえやすい かん字です。

形（57ページ）

形 さんづくり

ながく・はらう・とめる

読み方：ケイ・ギョウ／かた・かたち

つかい方：図形《ずけい》・人形《にんぎょう》／花形《はながた》・まるい形《かたち》

7かく

体（58ページ）

体 にんべん

わすれない・はらう・とめる

読み方：タイ・（テイ）／からだ

つかい方：体育《たいいく》・体《たい》そう／体《からだ》がのびる

7かく

形の にて いる かん字。

体（からだ） れい 体を うごかす。

休（やす-む） れい 学校を 休む。

長（58ページ）

長 ながい

ながく・はらう

読み方：チョウ／ながい

つかい方：市長《しちょう》・店長《てんちょう》・校長先生《こうちょうせんせい》／長《なが》さをはかる・長《なが》い川

8かく

近（60ページ）

近 しんにょう しんにゅう

一かく・とめる

読み方：キン／ちかい

つかい方：近所《きんじょ》・最近《さいきん》／いえが近《ちか》い・近道《ちかみち》

7かく

同（60ページ）

同 くち

とめる・はねる

読み方：ドウ／おなじ

つかい方：同時《どうじ》・同点《どうてん》／同《おな》じにおい

6かく

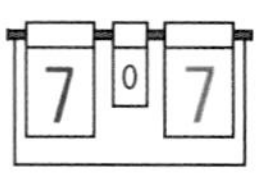

66ページ

今 ひとやね

今（つける・はらう・はらう・よこにかく）

読み方
コン・(キン)
いま

今 今 今 今

つかい方
今月《こんげつ》・今週《こんしゅう》・今夜《こんや》
今《いま》から行く

4かく

66ページ

会 ひとやね

会（つける・はらう・ながく・とめる）

読み方
カイ・(エ)
あう

会 会 会 会 会 会

つかい方
会社《かいしゃ》・会話《かいわ》・大会《たいかい》
出会《であ》う・人に会《あ》う

6かく

66ページ

社 しめすへん

社（あける・ながく・とめる）

読み方
シャ
やしろ

社 社 社 社 社 社 社

つかい方
社会《しゃかい》・神社《じんじゃ》
ふるい社《やしろ》

7かく

66ページ

刀 かたな

刀（つき出さない・はらう・はねる）

読み方
トウ
かたな

刀 刀

つかい方
木刀《ぼくとう》・日本刀《にほんとう》
小刀《こがたな》で切《き》る

2かく

66ページ

切 かたな

切（つき出さない・まげる・はねる）

読み方
セツ・(サイ)
きる・きれる

切 切 切 切

つかい方
親切《しんせつ》・大切《たいせつ》
木を切《き》る・糸が切《き》れる

4かく

66ページ

内 どうがまえ けいがまえ

内（つき出す・はねる・とめる）

読み方
ナイ・(ダイ)
うち

内 内 内 内

つかい方
町内《ちょうない》・体内《たいない》・内《ない》よう
円の内《うち》がわ

4かく

66ページ

店 まだれ

店（まっすぐ・はらう）

読み方
テン
みせ

店 店 店 店 店 店 店 店

つかい方
店長《てんちょう》・書店《しょてん》
大きな店《みせ》

8かく

「店」の 書きじゅん。
「占」の ぶぶんは、
「⺊ ⺊ 占 占」と 書くよ。
「丨(たてぼう)」を 「一(よこぼう)」より
先に 書こう。

ちゅうい!

ものしりメモ

「刀」(かたな)と 「力」(ちから)、「内」(ナイ)と 「肉」(ニク)は、それぞれ 形が にて いるね。まちがえないように ちゅういしよう。

66ページ

姉　おんなへん

姉
すこし出す　まっすぐ　はねる　とめる

読み方
（シ）
あね

8かく

つかい方
姉《あね》と妹《いもうと》・わたしの姉《あね》

66ページ

妹　おんなへん

妹
すこし出す　ながく　とめる　はらう

読み方
（マイ）
いもうと

8かく

つかい方
二さいの妹《いもうと》
妹《いもうと》とあそぶ

「妹」の 形。

妹
下の よこぼうを すこし 長く 書く。
とめる。

66ページ

線　いとへん

線
はらう　はらう　とめる　はねる

読み方
セン
―

15かく

つかい方
線《せん》をひく
直線《ちょくせん》・電線《でんせん》

66ページ

汽　さんずい

汽
はねる

読み方
キ
―

7かく

つかい方
汽車《きしゃ》・汽船《きせん》
汽《き》てき

66ページ

海　さんずい

海
はねる　とめる

読み方
カイ
うみ

9かく

つかい方
海岸《かいがん》・海草《かいそう》・海水《かいすい》よく
海《うみ》が見える

読み方が 新しい かん字

56ページ	56
名《メイ》	人《ジン》
名人《めいじん》	
60	66
方《ホウ》	小《こ》
先の 方《ほう》	小刀《こがたな》
66	
町《チョウ》	
町内《ちょうない》	

二かいずつ 書いて れんしゅうしよう

姉と妹

汽車

ものしりメモ　「汽」の 右がわの ぶぶんは、「气」と 書くよ。「気」と 書かないように しよう。

ていねいに　かんさつして、きろくしよう

れんしゅうのワーク

かんさつ名人に　なろう
同じ　ぶぶんを　もつ　かん字

きょうかしょ　㊤56～66ページ

こたえ　2ページ

べんきょうした日　　月　　日

1 新しい　かん字を　読みましょう。

1 （56ページ） かんさつ　名人（　　）。

2 大きさや　形（　　）。

3 かたつむりの　体（　　）。

4 長（　　）さを　はかる。

5 先の　方（　　）に　ある。

6 かおを　近（　　）づける。

7 同（　　）じ　におい。

8 （65ページ） 今（　　）から　かえる。

9 会社（　　）に　いる。

10 小刀（　　）を　つかう。

11 よく　切（　　）れる。

12 町内（　　）の　おかしや。

13 店（　　）で　かう。

14 姉（　　）と　あそぶ。

15 妹（　　）と　出かける。

16 太い　線（　　）を　ひく。

17 汽車（　　）の　まど。

18 海（　　）が　見える。

2 新しい かん字を 書きましょう。〔　〕は、ひらがなも 書きましょう。

① 56ページ □□《めいじん》に なる。

② □《かたち》が にて いる。

③ □《からだ》を うごかす。

④ 〔　　〕《ながさ》を くらべる。

⑤ まえの □《ほう》を 見る。

⑥ はなを 〔　　〕《ちかづける》。

⑦ 〔　　〕《おなじ》 クラス。

⑧ 65ページ □《いま》から はじまる。

⑨ □□《かいしゃ》で はたらく。

⑩ 新しい □□《こがたな》。

⑪ はさみで 〔　　〕《きれる》。

⑫ □□《ちょうない》の おまつり。

⑬ □《みせ》に 入る。

⑭ やさしい □《あね》。

⑮ □《いもうと》と 手を つなぐ。

⑯ □《せん》を つなぐ。

⑰ □□《きしゃ》に のる。

⑱ □《うみ》を ながめる。

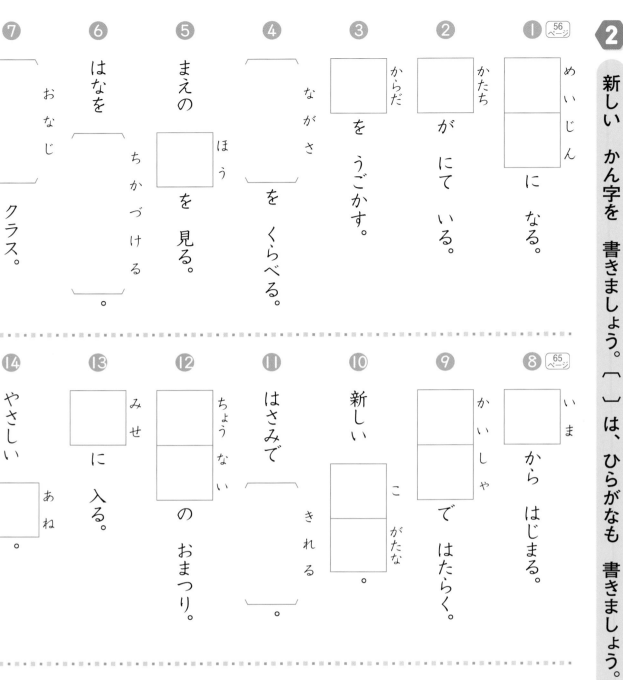

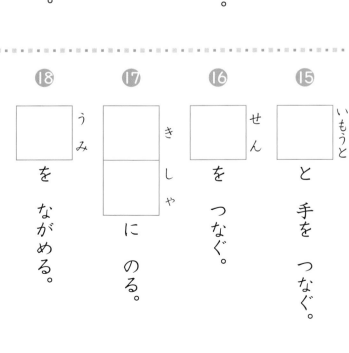

きほんのワーク

スイミー／かん字の ひろば① メモを とる とき

きょうかしょ 上67～83ページ

べんきょうした日 月 日

スイミー／メモを とる とき

67ページ

魚 魚《うお》 （てんのむき）

読み方：ギョ／うお・さかな

つかい方：金魚《きんぎょ》・人魚《にんぎょ》／魚市場《うおいちば》・小さな魚《さかな》

11かく

68ページ

広 まだれ （まっすぐ・はらう・とめる）

読み方：コウ／ひろい・ひろまる・ひろめる・ひろがる・ひろげる

つかい方：広大《こうだい》・広《ひろ》い海・広場《ひろば》／みちが広《ひろ》がる

5かく

68ページ

前 りっとう （とめる・はねる）

読み方：ゼン／まえ

つかい方：前後《ぜんご》・午前《ごぜん》／名前《なまえ》・前《まえ》をむく

9かく

◆「読み方」の 赤い 字は きょうかしょで つかわれて いる 読みです。

72ページ

元 元 にんにょう・ひとあし （ながく・はらう・まげる・はねる）

読み方：ゲン・ガン／もと

つかい方：元気《げんき》・元日《がんじつ》／足元《あしもと》・火の元《もと》

4かく

73ページ

岩 やま （ひらたく・つき出さない）

読み方：ガン／いわ

つかい方：岩石《がんせき》・よう岩《がん》／岩《いわ》の上・岩《いわ》かげ

8かく

「岩」の おぼえ方。

岩 「山」に ある 「石」が 「いわ」と おぼえよう。

書きじゅん 1 2 3 4 5　まちがえやすいところ…★

食 しょく

75ページ

食（つける・まっすぐ・はらう）

読み方
ショク・（ジキ）
くう・（くらう）
たべる

つかい方
食事《しょくじ》・給食《きゅうしょく》
大食《おおぐ》い・パンを食《た》べる

9かく

教 のぶん ぼくにょう

76ページ

教（はねる・はらう）

読み方
キョウ
おしえる・おそわる

つかい方
教科《きょうか》・みちを教《おし》える
かん字を教《おそ》わる

11かく

光 にんにょう ひとあし

77ページ

光（はらう・まげる・はねる）

読み方
コウ
ひかる・ひかり

つかい方
日光《にっこう》・ほしが光《ひか》る
たいようの光《ひかり》

6かく

ちゅうい！

「光」の 書きじゅん。
「光光光光光光」と 書くよ。
「⺌」の ぶぶんは、
「丨（たてぼう）」から 書こう。

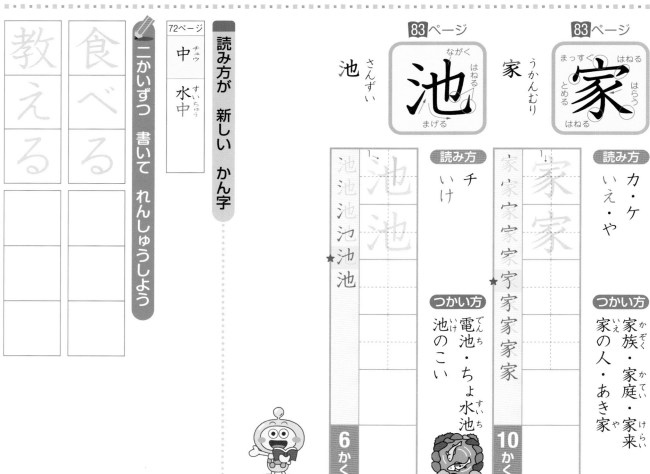

家 うかんむり

83ページ

家（まっすぐ・はねる・とめる・はらう・はねる）

読み方
カ・ケ
いえ・や

つかい方
家族《かぞく》・家庭《かてい》・家来《けらい》
家《いえ》の人・あき家《や》

10かく

池 さんずい

83ページ

池（ながく・はねる・まげる）

読み方
チ
いけ

つかい方
電池《でんち》・ちょ水池《すいち》
池《いけ》のこい

6かく

読み方が 新しい かん字

72ページ

中《チュウ》
水中《すいちゅう》

二かいずつ 書いて れんしゅうしよう

食べる
教える

ものしりメモ 「光」は 「ひかり」、「光る」は 「ひかる」と 読むよ。かん字の 読み方に 気を つけよう。

れんしゅうのワーク スイミー／かん字の ひろば① メモを とる とき

きょうかしょ 上67～83ページ

こたえ 2ページ

べんきょうした日 月 日

1 新しい かん字を 読みましょう。

① 67ページ 小さな 魚。（　）

② 広い 海。（　）

③ 名前は スイミー。（　）（　）

④ 元気を とりもどす。（　）（　）

⑤ 水中ブルドーザー。（　）（　）

⑥ ドロップみたいな 岩。（　）

⑦ まぐろに 食べられる。（　）

⑧ およぎを 教える。（　）

⑨ かがやく 光の 中。（　）（　）

⑩ 82ページ 家の 人に 言う。（　）

⑪ 池の こい。（　）

⑫ 魚を つる。（　）

⑬ 広い にわ。（　）

⑭ 前に すすむ。（　）

⑮ 岩かげに かくれる。（　）

⑯ ピアノを 教える。（　）

⑰ かみなりの 光。（　）

⑱ 家に かえる。（　）

2 新しい かん字を 書きましょう。〔　〕は、ひらがなも 書きましょう。

① 67ページ □《さかな》が およぐ。

② 〔　　〕《ひろい》へや。

③ □□《なまえ》を よぶ。

④ □□《げんき》に なる。

⑤ □□《すいちゅう》に もぐる。

⑥ 大きな □《いわ》。

⑦ ごはんを 〔　　〕《たべる》。

⑧ みんなに 〔　　〕《おしえる》。

⑨ たいようの □《ひかり》。

⑩ 82ページ ともだちの □《いえ》に 行く。

⑪ □《いけ》の なかを のぞく。

⑫ 〔　　〕《ひろい》こうえん。

⑬ □《まえ》を むく。

⑭ □《いわ》かげに 虫が いる。

⑮ みちを 〔　　〕《おしえる》。

⑯ あかるい ほしの □《ひかり》。

3 かん字で 書きましょう。（〜〜は、ひらがなも 書きましょう。太い 字は、この かいで ならった かん字を つかった ことばです。）

❶ さかなを たべる。

□

❷ ひろい うみで およぐ。

□

❸ げんきな こえで うたう。

□

4 かん字の ひろば

一年生で ならった かん字を 書きましょう。〔 〕は、ひらがなも 書きましょう。

❶ □□《ゆうひ》が しずむ。

❷ 空が 〔　　〕《あかい》。

❸ □《た》んぼを たがやす。

❹ □《むら》に ある いえ。

❺ □□《がっこう》に かよう。

❻ □《くるま》に のる。

❼ □《かい》がらを ひろう。

❽ □《かわ》が ながれる。

❾ 〔　　〕《あおい》 うみ。

❿ □《やま》に のぼる。

⓫ □《おう》さまに あう。

⓬ □《もり》で あそぶ。

⓭ □《まち》に すむ。

⓮ □《はやし》の なか。

きほんのワーク

こんな もの、見つけたよ
あったらいいな、こんなもの／夏がいっぱい
お気に入りの本をしょうかいしよう／ミリーのすてきなぼうし

きょうかしょ 上84～113ページ

べんきょうした日 月 日

こんな もの、見つけたよ

◆「読み方」の 赤い 字は きょうかしょで つかわれて いる 読みです。（マーク）は まちがえやすい かん字です。

84ページ

組（いとへん） 11かく

はらう／とめる／つき出す

読み方：ソ　くむ・くみ

つかい方：組《そ》しき　組《く》み立て・二年一組《にねんいちくみ》

85ページ

後（ぎょうにんべん） 9かく

みじかく／ながく／はらう

読み方：ゴ・コウ　のち・うしろ　あと・（おくれる）

つかい方：午後《ごご》・後方《こうほう》・晴れ後《のち》雨　いすの後《うし》ろ・その後《あと》

85ページ

数（のぶん・ぼくにょう） 13かく

あける／すこし出す／はらう／とめる

読み方：スウ・（ス）　かず・かぞえる

つかい方：数字《すうじ》・算数《さんすう》・人数《にんずう》　数《かず》がふえる・数《かぞ》え歌《うた》

89ページ

丸（てん） 3かく

はねる／はらう／まげる

読み方：ガン　まる・まるい　まるめる

つかい方：丸薬《がんやく》・丸《まる》と点《てん》　丸《まる》い石・雪を丸《まる》める

89ページ

点（れんが・れっか） 9かく

てんのむき

読み方：テン　―

つかい方：点《てん》をうつ・弱点《じゃくてん》　終点《しゅうてん》・百点《ひゃくてん》

89ページ

買（かい） 12かく

×四／ひらたく／はらう／とめる

読み方：バイ　かう

つかい方：売買《ばいばい》・本を買《か》う　買《か》いもの

あったらいいな、こんなもの

90ページ

引
引 ゆみへん

あける　はねる

読み方
イン
ひく・ひける

4かく

つかい方
引力《いんりょく》・引《いん》たい
引《ひ》き出す・気が引《ひ》ける

91ページ

羽
羽 はね

はねる

読み方
（ウ）
は・はね

6かく

つかい方
羽音《はおと》・羽子板《はごいた》
とんぼの羽《はね》

「羽」の でき方。

↓
羽

とりの はねの
形から できた
かん字だよ。

でき方

92ページ

雲
雲 あめかんむり

はねる　とめる　ながく　とめる

読み方
ウン
くも

12かく

つかい方
雲海《うんかい》・風雲《ふううん》
雲《くも》の上・雨雲《あまぐも》

夏がいっぱい

94ページ

夏
夏 ふゆがしら すいにょう

すこしながく　つける　はらう

読み方
カ・（ゲ）
なつ

10かく

つかい方
初夏《しょか》・夏休《なつやす》み
夏《なつ》がくる

「夏」の 形。

○ 夏
× 夏

上の ぶぶんを 「百」に しない。
中の よこぼうは 二本。

ちゅうい！

お気に入りの本をしょうかいしよう／ミリーのすてきなぼうし

99ページ

公
公 はちがしら はち

あける　はらう　とめる

読み方
コウ
（おおやけ）

4かく

つかい方
公園《こうえん》・主人公《しゅじんこう》
三人《にん》で公平《こうへい》にわける

99ページ

園
園 くにがまえ

ながく　とめる

読み方
エン
（その）

13かく

つかい方
ようち園《えん》
どうぶつ園《えん》

ものしりメモ　「後ろ」の はんたいの いみの ことばは、「前」だよ。「前後《ぜんご》」で 一つの ことばにも なるよ。

通

101ページ

通 しんにょう しんにゅう

一かく　はねる　つき出す

読み方

ツウ・(ツ)
とおる・とおす
かよう

つかい方

通学《つうがく》・交通《こうつう》
前を通《とお》る・店に通《かよ》う

10かく

「通」の 読み方。
通る
○ とおる
× とうる

万

102ページ

万 いち

つき出さない　はらう　はねる

読み方

マン・(バン)
—

つかい方

九万《きゅうまん》・一万円《いちまんえん》
一万人《いちまんにん》

3かく

頭

104ページ

頭 おおがい

はらう　とめる

読み方

トウ・ズ・(ト)
あたま・(かしら)

つかい方

先頭《せんとう》・頭上《ずじょう》
頭《あたま》をさげる

16かく

来

110ページ

来 き

ながく　はらう　とめる　はらう

読み方

ライ
くる
(きたる)(きたす)

つかい方

来週《らいしゅう》・来年《らいねん》・家来《けらい》
やって来《く》る

7かく

鳥

110ページ

鳥 とり

てんのむき　はねる

読み方

チョウ
とり

つかい方

白鳥《はくちょう(しらとり)》
鳥《とり》がとぶ・小鳥《ことり》

11かく

歌

110ページ

歌 あくび けんづくり

とめる　はねる　はねる　はらう

読み方

カ
うた・うたう

つかい方

歌手《かしゅ》・校歌《こうか》
歌《うた》を歌《うた》う

14かく

読み方が 新しい かん字

89ページ	99	99	103	103
話 ワ	店 テン	長 チョウ	足 たりる	空 から
会話《かいわ》	店長《てんちょう》		足《た》りる	空《から》っぽ

ものしりメモ

「万」(マン)と 「方」(ホウ・かた)は、形が にて いるね。上に 「丶」が つくのが 「方」、つかないのが 「万」だよ。まちがえないように 気を つけよう。

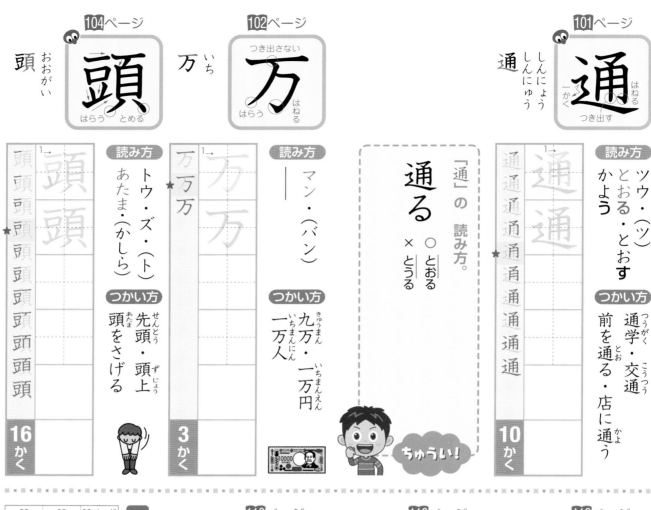

れんしゅうのワーク

こんな もの、見つけたよ
あったらいいな、こんなもの／夏がいっぱい
お気に入りの本をしょうかいしよう／ミリーのすてきなぼうし

きょうかしょ ㊤84～113ページ
こたえ 2ページ

べんきょうした日　月　日

1 新しい かん字を 読みましょう。

① 84ページ 組（　）み立てを 考える。
② ぶらんこの 後（　）ろ。
③ 白い 花の 木の 数（　）。
④ 丸（　）を つける。
⑤ 点（　）を うつ。
⑥ 会話（　）を する。
⑦ きものを 買（　）う。
⑧ 90ページ 考えを 引（　）き出す。
⑨ とんぼの 羽（　）。
⑩ 雲（　）の 上。
⑪ 94ページ 夏（　）の 思い出。
⑫ 96ページ 店長（　）に たのむ。

⑬ 公園（　）の ふんすい。
⑭ 101ページ 店の 前を 通（　）る。
⑮ 九万円（　）の ねだん。
⑯ ちょっと 足（　）りない。
⑰ 空（　）っぽの おさいふ。
⑱ ぼうしを 頭（　）に のせる。

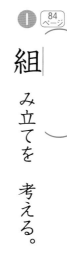

⑲ むこうから やって 来（　　）る。

⑳ 鳥（　　）や 魚が とび出す。

㉑ たのしい 歌（　　）。

2 新しい かん字を 書きましょう。〔　〕は、ひらがなも 書きましょう。

① 84ページ 文の 〔　　〕《くみ》立て。

② 〔　　〕《うしろ》に ならぶ。

③ たくさんの □《かず》。

④ 大きな □《まる》。

⑤ 文に □《てん》を うつ。

⑥ □□《かいわ》を 聞く。

⑦ くつを 〔　　〕《かう》。

⑧ 90ページ 力を 〔　　〕《ひき》出す。

⑨ □《はね》を 広げる。

⑩ 白い □《くも》が うかぶ。

⑪ 94ページ □《なつ》の 花が さく。

⑫ 96ページ □□《てんちょう》を よぶ。

⑬ □□《こうえん》で あそぶ。

⑭ 101ページ 近くを 〔　　〕《とおる》。

⑮ □□□《きゅうまんえん》の ふく。

⑯ ざいりょうが 〔　　〕《たりる》。

⑰ □《から》っぽの はこ。

⑱ てを □《あたま》に のせる。

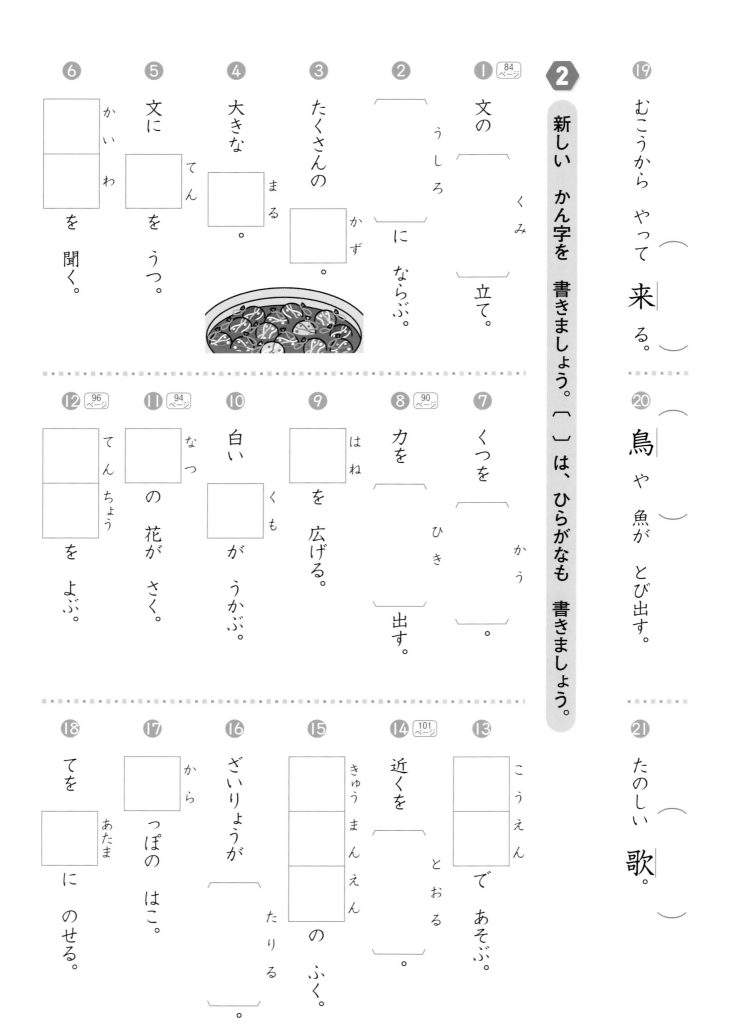

⑲ 春が［　　］《くる》。

⑳ ［　］《とり》が そらを とぶ。

㉑ ［　］《うた》を うたう。

3 かん字で 書きましょう。（～～は、ひらがなも 書きましょう。太い 字は、この かいで ならった かん字を つかった ことばです。）

❶ うしろで てを くむ。

❷ へやの かずが おおい。

❸ あかい まるで かこむ。

❹ みせで にくを かう。

❺ きいろい とりの はね。

❻ そらに うかぶ くも。

❼ あつい なつが くる。

❽ こうえんの なかを とおる。

❾ あたまの うえに のせる。

夏休みまとめのテスト①

きょうかしょ ㊤19～113ページ
こたえ 2ページ
じかん 20ぷん
とく点 /100点
べんきょうした日 月 日

1 ――せんの かん字の よみかたを かきましょう。 一つ2（24点）

① 大きな 声（　）で 言（　）う。
② 南（　）の しまへ 行（　）く。
③ 風（　）で わた 毛（　）が とぶ。
④ 同（　）じような 形（　）の 貝がら。
⑤ 今（　）から 会（　）社（　）に むかう。
⑥ 姉（　）と いっしょに 海（　）で およぐ。

2 □に かん字を かきましょう。（〔　〕は かん字と ひらがなを かきましょう。） 一つ2（24点）

① 文を 〔　〕《よむ》。
② □□《としょ》館《かん》。
③ 字を 〔　〕《かく》。
④ 町を 〔　〕《しる》。
⑤ □《はる》にさく花。
⑥ □□《にっき》をつける。
⑦ □□□《にちようび》。
⑧ □□《きいろ》いシャツ。
⑨ □《くろ》のペン。
⑩ ひもが 〔　〕《きれる》。
⑪ かわいい □《いもうと》。
⑫ まっすぐな □《せん》。

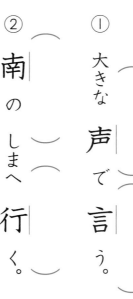

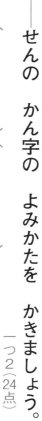

3 ことばの よみかたの 正しい ほうに、○を つけましょう。 一つ2（4点）

① 多い ア（ ）おうい
　　　 イ（ ）おおい

② 通る ア（ ）とうる
　　　 イ（ ）とおる

4 つぎの かん字は なんかくで かきますか。（ ）に すう字で かきましょう。 一つ2（8点）

① 組（ ）かく　② 鳥（ ）かく

③ 引（ ）かく　④ 考（ ）かく

5 つぎの たしざんを すると、どんな かん字が できますか。□に かん字を かきましょう。 一つ2（8点）

① 糸＋会→□　② 八＋ム→□

③ 山＋石→□　④ 田＋心→□

6 形の にて いる かん字に きを つけて、□に かん字を かきましょう。 一つ2（20点）

① 町□《ない》・ひき□《にく》　② 天□《き》・□《き》車

③ □《ちから》もち・小□《がたな》　④ □《まる》・□《ここの》つ

⑤ おり□《かた》・一□《まん》円

7 つぎの ことばと はんたいの いみの ことばを、□に かん字で かきましょう。 一つ2（12点）

① ほそい↔□い　② ひくい↔□い

③ みじかい↔□い　④ うる↔□う

⑤ せまい↔□い　⑥ 前↔□ろ

夏休み まとめのテスト②

きょうかしょ 上19～113ページ

こたえ 3ページ

じかん 20ぷん

とく点 ／100点

べんきょうした日 月 日

1 ――線の かん字の 読み方を 書きましょう。 一つ2（24点）

① （魚）が 水の 中を （元気）に およぐ。

② （名前）を （教）える。

③ （家）の にわに （池）が ある。

④ 文に （点）や （丸）を 正しく つける。

⑤ （夏）の そらに うかぶ 白い （雲）。

⑥ （鳥）が むこうから とんで （来）る。

2 □に かん字を 書きましょう。（（　）は かん字と ひらがなを 書きましょう。） 一つ2（24点）

① くらい □《いわ》かげ。

② □《ひかり》が まぶしい。

③ （　）《くみ》立て。

④ □《かず》を かぞえる。

⑤ 本を （　）《かう》。

⑥ （　）《ひき》出す。

⑦ ちょうの □《はね》。

⑧ □□《こうえん》の 木。

⑨ お金が （　）《たりる》。

⑩ □《から》っぽに なる。

⑪ □《あたま》を 上げる。

⑫ むかしの □《うた》。

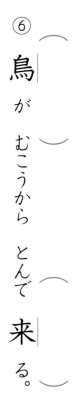

3 つぎの かん字の 二とおりの 読み方を 書きましょう。　一つ2（16点）

① 読
ア 本を 音読する。（　）
イ ものがたりを 読む。（　）

② 話
ア ともだちと 話す。（　）
イ たのしく 会話する。（　）

③ 行
ア 学校に 行く。（　）
イ 一行 あけて 書く。（　）

④ 声
ア 大きな 声を 出す。（　）
イ 音声が 出ない。（　）

4 つぎの かん字の 正しい 書きじゅんに、○を つけましょう。　一つ2（4点）

① 書
ア（　）フ ヨ 彐 聿 聿 聿 書 書
イ（　）フ ヨ ヨ 彐 聿 聿 書 書

② 黄
ア（　）一 艹 廿 昔 芇 黄 黄 黄
イ（　）一 艹 廿 昔 昔 昔 黄 黄

5 同じ ぶぶんを もつ かん字を、□に 書きましょう。　一つ2（20点）

① □《からだ》を □《やす》める。

② □《ひろ》い □《みせ》。

③ □《ちか》くを □《とお》る。

④ □《あめ》と □《ゆき》。

⑤ 土□《よう》日の 天気は □《は》れだ。

6 ——線の ことばを、かん字と ひらがなで 書きましょう。　一つ3（12点）

① あたらしい ぼうし。（　）

② 口ぶえが きこえる。（　）

③ りんごを たべる。（　）

④ いみを かんがえる。（　）

きほんのワーク

ことばでみちあんない／みの回りのものを読もう 書いたら、見直そう／かん字のひろば②

きょうかしょ 上 116～122ページ

べんきょうした日 月 日

ことばでみちあんない／みの回りのものを読もう

117ページ

分 かたな

あける　はらう　つき出さない　はらう　はねる

読み方　ブン・フン・ブ　わける・わかれる　わかる・わかつ

つかい方　半分《はんぶん》・五分間《ごふんかん》　いみが分《わ》かる

4かく

「分」の形。

「入」ではなく「八」。

「力」ではなく「刀」。

「刀」(かたな)で「八」(切りわける)と いういみをあらわすよ。

ちゅうい!

117ページ

回 くにがまえ

さいごにかく

読み方　カイ・(エ)　まわる・まわす

つかい方　二回《にかい》・回数《かいすう》・毎回《まいかい》　みの回《まわ》り・ねじを回《まわ》す

6かく

書いたら、見直そう

120ページ

直 め

つける　おれる　ながく

読み方　チョク・ジキ　ただちに　なおす・なおる

つかい方　直線《ちょくせん》・日直《にっちょく》・正直《しょうじき》　直《ただ》ちにかえる・見直《みなお》す

8かく

「直」のでき方。

「十」(まっすぐ)と「目」(め)と「乚」(まがる)から できたかん字だよ。

まがっているものにまっすぐ目をむけることから、まっすぐといういみをあらわすよ。

でき方

二回ずつ書いてれんしゅうしよう

分かる　見直す

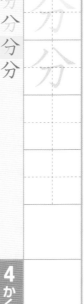

120ページ

紙 いとへん

紙

読み方

シ
かみ

つかい方

画用紙《がようし》・新聞紙《しんぶんし》
手紙《てがみ》・紙《かみ》に書く

10かく

ちゅうい!

形のにているかん字。
紙《かみ》に線《せん》を引く。
絵《え》に組《くみ》と名前を書く。

120ページ

遠 しんにょう しんにゅう

遠

読み方

エン・(オン)
とおい

つかい方

遠足《えんそく》・えい遠《えん》
遠《とお》くまで行く

13かく

ちゅうい!

同じ読み方で形のにているかん字。
遠（エン） れい 遠足《そく》
園（エン） れい 公園

120ページ

友 また

友

読み方

ユウ
とも

つかい方

友人《ゆうじん》・親友《しんゆう》
友《とも》だちと話す

4かく

でき方

「友」のでき方。

友
手と手をあわせた形からできたかん字だよ。

読み方が新しいかん字

116ページ
会《あう》
会《あ》う

118
回《まわる》
みの回《まわ》り

120
足《ソク》
遠足《えんそく》

二回ずつ書いてれんしゅうしよう

手紙
遠足

ものしりメモ 「回」は二じゅうの円からできたかん字だよ。くるくる回るようすをあらわすよ。

れんしゅうのワーク

ことばでみちあんない／みの回りのものを読もう 書いたら、見直そう／かん字のひろば②

きょうかしょ 上116〜122ページ

こたえ 4ページ

べんきょうした日　月　日

1 新しいかん字をよみましょう。

❶ 116ページ 知りあいに会（　）える。

❷ 話が分（　）かりやすい。

❸ 二回（　）まがる。

❹ 118ページ みの回（　）りのもの。

❺ 120ページ 文を見直（　）す。

❻ 手紙（　）をよむ。

❼ 遠足（　）にいく。

❽ 友（　）だちになる。

❾ よく分（　）かる。

❿ 回数《すう》（　）がふえる。

⓫ まちがいを直（　）す。

⓬ 白い紙（　）に書く。

2 新しいかん字を書きましょう。〔　〕は、ひらがなも書きましょう。

❶ 116ページ 人に〔　あう　〕。

❷ こたえが〔　わかる　〕。

❸ □□（にかい）くりかえす。

④ 118ページ
くるくる［　　　　］《まわる》。

⑤ 120ページ
こたえを［　　　　］《みなおす》。

⑥ ［　］［　］《てがみ》を書く。

⑦ ［　］［　］《えんそく》のよういをする。

⑧ ［　］《とも》だちとあそぶ。

⑨ ［　］《かい》数《すう》をへらす。

⑩ 字を正しく［　　　　］《なおす》。

⑪ ［　］《かみ》を四つにおる。

3 かん字で書きましょう。（〜〜は、ひらがなも書きましょう。太い字は、このかいでならったかん字をつかったことばです。）

① なまえが**わかる**。

② **にかい**おんどくする。

③ くろいこまが**まわる**。

④ はしのもちかたを**なおす**。

⑤ **とも**だちに**てがみ**をだす。

⑥ **えんそく**でうみにいく。

4 かんじのひろば

一年生でならったかんじを書きましょう。

1. □《げつ》曜□《び》。
2. □《か》だんにたねをうえる。
3. □《くさ》とりをする。
4. □《か》曜□《び》。
5. かん□《じ》を書く。
6. □《ぶん》しょうを読む。
7. □《すい》曜□《び》。

8. □《あめ》がふる。
9. □《もく》曜□《び》。
10. □《くち》をあける。
11. □《みみ》をすます。
12. □《いと》でんわ。
13. □《きん》曜□《び》。
14. □《てん》□《き》がよい。

15. □《はや》おきする。
16. □《ど》曜□《び》。
17. □《はな》□《び》が上がる。
18. □《にち》曜□《び》。
19. □《むし》とりをする。

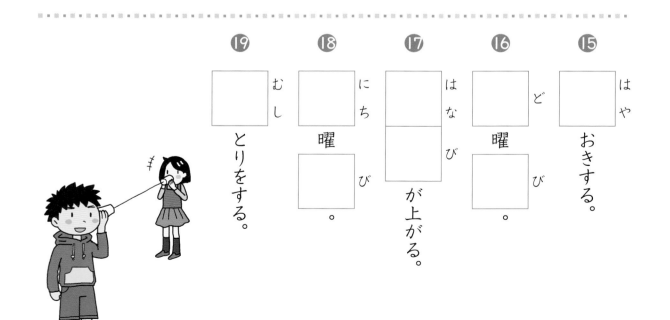

きほんのワーク

どうぶつ園のじゅうい ことばあそびをしよう

◆「読み方」の赤い字はきょうかしょでつかわれている読みです。●はまちがえやすいかん字です。

きょうかしょ 上 123～137ページ

べんきょうした日 月 日

どうぶつ園のじゅうい

124ページ

朝 つき

朝（はねる・はらう）

読み方：チョウ／あさ

つかい方：朝食《ちょうしょく》・早朝《そうちょう》／朝《あさ》が来る・朝日《あさひ》

12かく

「朝」のいみ。

「朝」は、よるがあけてからしばらくのあいだのことだよ。

朝ごはんを食べたり、かおをあらったり、朝にすることは、いろいろあるね。

125ページ

顔 おおがい

顔（まっすぐ・とめる）

読み方：ガン／かお

つかい方：顔面《がんめん》・せん顔《がん》／顔《かお》を見せる・よこ顔《がお》

18かく

125ページ

毎 なかれ ははのかん はは

毎（とめる・はねる）

読み方：マイ／―

つかい方：毎日《まいにち》・毎朝《まいあさ》・毎週《まいしゅう》

6かく

126ページ

当 しょう

当（つき出さない）

読み方：トウ／あたる・あてる

つかい方：当番《とうばん》・本当《ほんとう》／まとに当《あ》てる

6かく

「当」の書きじゅん。

「当当当当当当」と書くよ。

三かく目までを「丶 丷 ⺌」と書かないように気をつけよう。

126ページ

間

とめる　はねる

間　もんがまえ

読み方

カン・ケン

あいだ・ま

つかい方

時間《じかん》・一週間《いっしゅうかん》・人間《にんげん》

その間《あいだ》・すき間《ま》

12かく

ちゅうい!

形のにているかん字。

間（あいだ）　れい　学校と家の間。

聞（き-く）　れい　話を聞く。

127ページ

昼

つける　はらう　はらう　ながく

昼　ひ

読み方

チュウ

ひる

つかい方

昼食《ちゅうしょく》・昼夜《ちゅうや》

お昼《ひる》・昼休《ひるやす》み

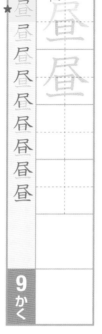

9かく

かん字のいみ

「昼」のいみ。

「昼」は、朝のあとからよるまでの間のことだよ。

また、正午《しょうご》（十二じ）を中しんとしたすうじかんをさすこともあるよ。

127ページ

半

ながく

半　じゅう

読み方

ハン

なかば

つかい方

半分《はんぶん》・半年《はんとし》・前半《ぜんはん》（ぜんぱん）

九月の半《なか》ば

5かく

ちゅうい!

「半」の書きじゅん。

「半半半半半」と書くよ。

「二（よこぼう）」を二本書いてから、

さいごに「｜（たてぼう）」を書こう。

129ページ

電

とめる　つき出さない　はねる　まげる

電　あめかんむり

読み方

デン

―

つかい方

電話《でんわ》・電気《でんき》

電車《でんしゃ》・電線《でんせん》

13かく

でき方

「電」のでき方。

→電

雨雲からいなずまがおちるようすからできたかん字だよ。

外 た ゆうべ

131ページ

外（つき出さない／とめる）

読み方
ガイ・(ゲ)
そと・ほか
はずす・はずれる

つかい方
外国《がいこく》・外《そと》に出る
思いの外《ほか》・町外《まちはず》れ

5かく

「外」のおぼえ方。
外
かたかなの「ト」ににた形。
かたかなの「タ」ににた形。
「タチツテトに出よう」とおぼえよう。

ことばあそびをしよう

楽 き

136ページ

楽（はらう／はらう／とめる）

読み方
ガク・ラク
たのしい・たのしむ

つかい方
音楽《おんがく》・楽器《がっき》・楽園《らくえん》
あそびを楽《たの》しむ

13かく

「楽」の書きじゅん。
「楽」のぶぶんは、「…」と書くよ。
はじめに「白」を書こう。

親 みる

137ページ

親（まっすぐ／みじかくとめる／はねる／とめる／まげる）

読み方
シン
おや
したしい・したしむ

つかい方
親愛《しんあい》・親切《しんせつ》・親友《しんゆう》
親子《おやこ》・本に親《した》しむ

16かく

形のにているかん字。
親（した-しむ）　れい　花に親しむ。
新（あたら-しい）　れい　新しいノート。

読み方が新しいかん字

ページ	かん字	読み方	れい
125	大	タイ	大切《たいせつ》
125	切	セツ	大切《たいせつ》
127	分	ブン	半分《はんぶん》
128	人	ニン	三人《さんにん》
130	間	ケン	人間《にんげん》
131	後	あと	さわった後《あと》
136	数	かぞえる	数《かぞ》え歌

二回ずつ書いてれんしゅうしよう

楽しむ
親しむ

ものしりメモ
「親」は、「立」＋「木」＋「見」だね。「木」のそばに「立」って「見」る「おや」とおぼえよう。

れんしゅうのワーク

どうぶつ園のじゅうい
ことばあそびをしよう

きょうかしょ ㊤123～137ページ
こたえ 4ページ

べんきょうした日　月　日

1 新しいかん字を読みましょう。

①（123ページ） 朝（　）のしごと。
② 顔（　）を見せる。
③ 大切（　）なりゆう。
④ 毎日（　）あいさつする。
⑤ おなかに 当（　）てる。
⑥ えさを食べる 間（　）。

⑦ お 昼前（　）にもどる。
⑧ 半分（　）に切る。
⑨ 三人（　）のしいくいん。
⑩ 電話（　）がかかってくる。
⑪ 人間（　）のびょうき。
⑫ どうぶつにさわった 後（　）。

⑬ どうぶつ園の 外（　）に出す。
⑭（136ページ） 声に出して 楽（　）しむ。
⑮ 数（　）え歌を歌う。
⑯ いろは歌に 親（　）しむ。
⑰ 毎朝（　）まどをあける。
⑱ 電車（　）にのる。

2 新しいかん字を書きましょう。〔　〕は、ひらがなも書きましょう。

1 （123ページ） □《あさ》早くおきる。

2 □《かお》をおぼえる。

3 □□《たいせつ》なこと。

4 □□《まいにち》ようすを見る。

5 手を〔　〕《あてる》。

6 じっとしている□《あいだ》。

7 お□□《ひるまえ》にあつまる。

8 □□《はんぶん》にわける。

9 □□《さんにん》のなかま。

10 □□《でんわ》をかける。

11 □□《にんげん》の体。

12 □《あと》から行く。

13 家の□《そと》に出る。

14 （136ページ） りょうりを〔　〕《たのしむ》。

15 〔　〕《かぞえ》歌をおぼえる。

16 本に〔　〕《したしむ》。

17 □□《まいあさ》さんぽに行く。

18 □□《でんしゃ》で出かける。

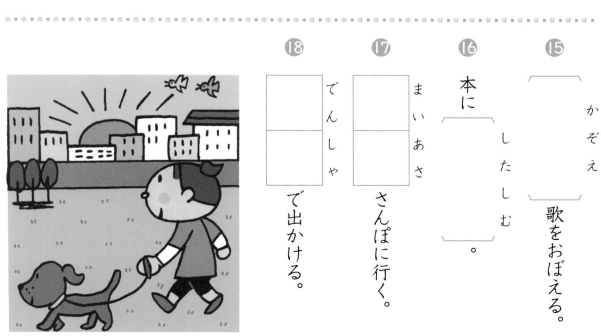

きほんのワーク

なかまのことばとかん字 かん字のひろば③

教科書 上 138～140ページ

べんきょうした日　月　日

◆「読み方」の赤い字は教科書でつかわれている読みです。 はまちがえやすいかん字です。

138ページ

父　父 ちち

（あける・とめる・はらう）

読み方：フ　ちち

つかい方：父母《ふぼ》・父《ちち》と母《はは》　父親《ちちおや》・父《ちち》の日

4かく

138ページ

母　母 なかれ はは ははのかん

（とめる・はねる）

読み方：ボ　はは

つかい方：母子《ぼし》・母《はは》と父　母親《ははおや》・母《はは》の日

5かく

「母」の形。

○ 母　× 毋

中に二つの点を書くよ。書きじゅんにもちゅういしてね。

ちゅうい！

138ページ

兄　兄 にんにょう ひとあし

（はねる・はらう・まげる）

読み方：（ケイ）・キョウ　あに

つかい方：兄弟《きょうだい》　兄《あに》と弟《おとうと》

5かく

138ページ

弟　弟 ゆみ

（はらう・とめる・はねる）

読み方：（テイ）・ダイ・（デ）　おとうと

つかい方：三人兄弟《さんにんきょうだい》　弟《おとうと》と兄

7かく

二回ずつ書いてれんしゅうしよう

父と母

兄と弟

書きじゅん 1 2 3 4 5　まちがえやすいところ…★

138ページ

午　じゅう

午
（つき出さない・ながく）

読み方
ゴ
—

4かく

つかい方
午前《ごぜん》・午後《ごご》・正午《しょうご》

「午」の形。
○ 午
× 牛
たてぼうを上につき出さないように。

138ページ

夜　た　ゆうべ

夜
（まっすぐ・はらう）

読み方
ヤ
よ・よる

8かく

つかい方
夜食《やしょく》・今夜《こんや》
夜明《よあ》け・昼と夜《よる》

一日をあらわすかん字。
朝《あさ》－昼《ひる》－夜《よる》
ひとまとめにしておぼえようね。

139ページ

科　のぎへん

科
（みじかくとめる・つき出す・とめる）

読み方
カ
—

9かく

つかい方
教科《きょうか》・教科書《きょうかしょ》・生活科《せいかつか》

「科」の形。
科
右がわの点は二つだよ。また、つき出るよこぼうにもちゅういしよう。
書きじゅんにも気をつけてね。

139ページ

国　くにがまえ

国
（わすれない・ながく）

読み方
コク
くに

8かく

つかい方
国語《こくご》・国立《こくりつ》・外国《がいこく》
雪国《ゆきぐに》・小さな国《くに》

「国」の書きじゅん。
「冂冂冂囗国」と書くよ。
「玉」を書いてから、さいごに下のよこぼうを書こう。

ものしりメモ
「父」「母」「兄」「姉」「弟」「妹」は、「家の人」をあらわすことばだね。まとめておぼえておこう。

語

139ページ

語 ごんべん

語（ながく）

読み方

ゴ

かたる・かたらう

つかい方

国語《こくご》・日本語《にほんご》

思いを語《かた》る

14かく

ちゅうい!

形のにているかん字。

国語《ご》の教科書のお話《はなし》。

日記《き》を読《よ》みかえす。

算

139ページ

算 たけかんむり

算（ながく・はらう・とめる）

読み方

サン

つかい方

算数《さんすう》・計算《けいさん》

足し算《ざん》・引き算《ざん》

14かく

二回ずつ書いてれんしゅうしよう

国語 算数

活

139ページ

活 さんずい

活（つける）

読み方

カツ

つかい方

生活《せいかつ》・活《かつ》どう

活《かっ》やく

9かく

かん字のいみ

「活」のいみ。

「活」は、生き生きとしているようすをあらわすよ。

生きることやくらすことなどもあらわすよ。

工

139ページ

工 たくみ え

工（つき出さない・ながく）

読み方

コウ・ク

つかい方

図工《ずこう》・工場《こうじょう》(こうば)

細工《さいく》・大工《だいく》

3かく

読み方が新しいかん字

138	138	138ページ
後《ゴ》	前《ゼン》	親《おや》
午後《ごご》	午前《ごぜん》	親《おや》と子
139	139	139
楽《ガク》	数《スウ》	教《キョウ》
音楽《おんがく》	算数《さんすう》	教科《きょうか》
140	139	139
小《ショウ》	体《タイ》	図《ズ》
小学校《しょうがっこう》	体育《たいいく》	図工《ずこう》

ものしりメモ 「図工」は「ずこう」、「図書」は「としょ」と読むよ。「図」の読み方に気をつけよう。

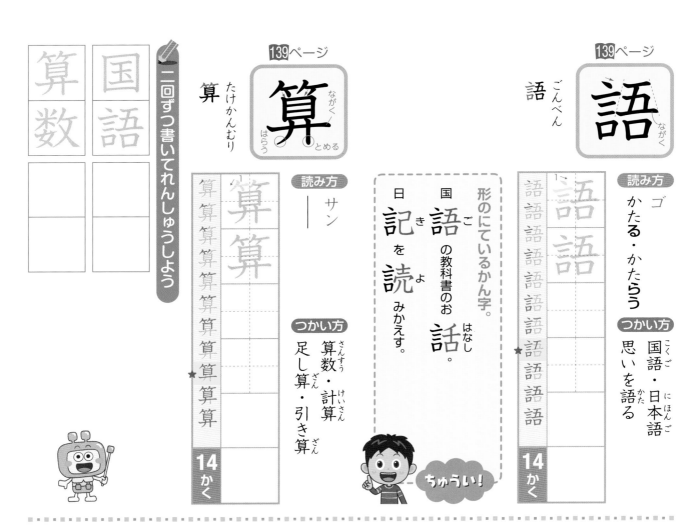

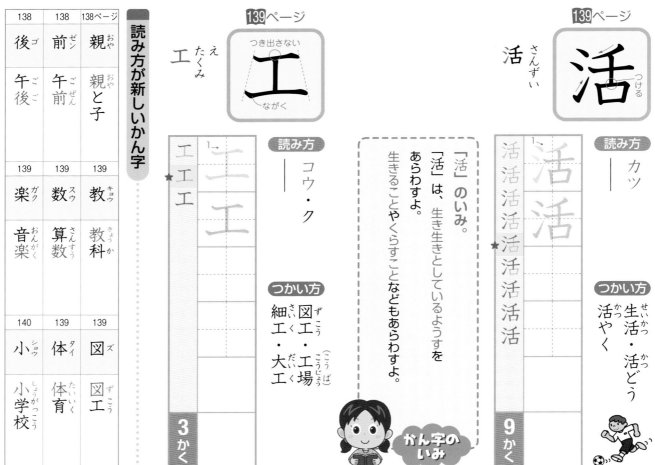

れんしゅうのワーク

なかまのことばとかん字
かん字のひろば③

教科書 上138〜140ページ

こたえ 4ページ

べんきょうした日　月　日

1 新しいかん字を読みましょう。

① 138ページ 親（　）と子のかんけい。

② 父（　）がりょうりをつくる。

③ 母（　）と買いものに行く。

④ 兄（　）はやさしい。

⑤ 弟（　）となかがよい。

⑥ 午前（　）のじかんわり。

⑦ 午後（　）のよてい。

⑧ ほしがかがやく夜（　）。

⑨ すきな教科（　）を言う。

⑩ 国語（　）のノート。

⑪ 二じかん目は算数（　）。

⑫ 生活（　）のじゅぎょう。

⑬ 音楽（　）の先生。

⑭ 図工（　）のじかん。

⑮ 体育《いく》（　）でてつぼうをする。

⑯ 140ページ 小学校（　）のようす。

⑰ 前後（　）を見回す。

2 新しいかん字を書きましょう。

① 138ページ □《おや》をたいせつにする。

② □《ちち》と公園に行く。

③ □《はは》がむかえに来る。

④ □《あに》にそうだんする。

⑤ かわいい□《おとうと》。

⑥ □□《ごぜん》六じにおきる。

⑦ □□《ごご》の天気。

⑧ □《よる》九じにねる。

⑨ とくいな□□《きょうか》。

⑩ □□《こくご》のべんきょう。

⑪ □□《さんすう》のしゅくだい。

⑫ □□《せいかつ》のじかん。

⑬ □□《おんがく》がながれる。

⑭ □□《ずこう》でのりをつかう。

⑮ □《たい》育《いく》でいちれつにならぶ。

⑯ 140ページ □□□《しょうがっこう》に入る。

3 かん字で書きましょう。（〜〜は、ひらがなも書きましょう。太い字は、この回でならったかん字をつかったことばです。）

① ははは おんがくがすきだ。

□

② おとうとにさんすうをおしえる。

□

③ ごごからはれる。

□

4 かん字のひろば

いちねんせいでならったかん字を書きましょう。〔　〕は、ひらがなも書きましょう。

① □□《せんせい》のお話。

② □《て》をあげる。

③ 〔　　〕《ただしい》こたえ。

④ □《め》のけんさをする。

⑤ □《くち》をあけて歌う。

⑥ ピアノの□《おと》を聞く。

⑦ いすから〔　　〕《たつ》。

⑧ 〔　　〕《あかい》リボン。

⑨ 〔　　〕《しろい》ぼうし。

⑩ 虫を〔　　〕《みつける》。

⑪ きれいな□《はな》がさく。

⑫ 〔　　〕《おおきい》□《いし》。

⑬ □《ちゅう》ぐらいの魚。

⑭ 〔　　〕《ちいさい》子ども。

⑮ □□□《いちねんせい》。

自分とくらべて読み、とうじょうじんぶつに手紙を書こう

きほんのワーク

お手紙
主語《しゅ》と述語《じゅつ》に 気をつけよう

教科書 下 13〜30ページ

べんきょうした日 月 日

◆「読み方」の赤い字は教科書でつかわれている読みです。
はまちがえやすいかん字です。

お手紙

13ページ
自 みずから
（つき出さない）
読み方：ジ・シ　みずから
つかい方：自分《じぶん》・自由《じゆう》・自然《しぜん》　自《みずか》らおこなう
6かく

15ページ
時 ひへん
（ながく　はねる）
読み方：ジ　とき
つかい方：時間《じかん》・日時《にちじ》　時《とき》がたつ

10かく

17ページ
帰 はば
（つき出さない　とめる　はねる　はらう）
読み方：キ　かえる・かえす
つかい方：帰国《きこく》・帰《き》たく　家へ帰《かえ》る・弟を帰《かえ》す
10かく

17ページ
何 にんべん
（出す　はねる）
読み方：（カ）　なに・なん
つかい方：何《なに》か書く　何回《なんかい》・何時《なんじ》・何人《なんにん》
7かく

「何」の書きじゅん。
「可」のぶぶんは、
「可可可可可」と書くよ。
「一」（よこぼう）→「口」（くち）→
「亅」（たてぼう）のじゅんで書こう。

ちゅうい！

二回ずつ書いてれんしゅうしよう
自分　帰る

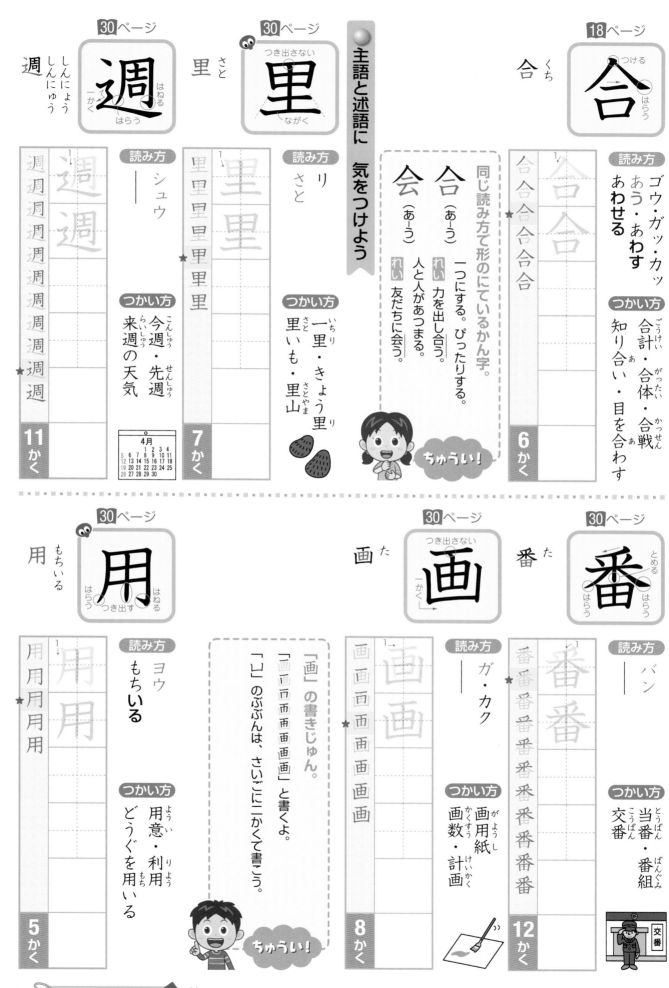

主語と述語に　気をつけよう

18ページ

合

つける　はらう

合　くち

読み方
ゴウ・ガッ・カッ
あう・あわす
あわせる

つかい方
合計《ごうけい》・合体《がったい》・合戦《かっせん》
知り合《あ》い・目を合《あ》わす

6かく

同じ読み方で形のにているかん字。

合（あ-う）
れい　力を出し合う。
一つにする。ぴったりする。

会（あ-う）
れい　友だちに会う。
人と人があつまる。

30ページ

里

つき出さない　ながく

里　さと

読み方
リ
さと

つかい方
一里《いちり》・きょう里《り》
里《さと》いも・里山《さとやま》

7かく

30ページ

週

はねる　一かく　はらう

週　しんにょう　しんにゅう

読み方
シュウ
―

つかい方
今週《こんしゅう》・先週《せんしゅう》
来週《らいしゅう》の天気

11かく

30ページ

番

とめる　はらう　はらう

番　た

読み方
バン
―

つかい方
当番《とうばん》・番組《ばんぐみ》
交番《こうばん》

12かく

30ページ

画

つき出さない　一かく

画　た

読み方
ガ・カク
―

つかい方
画用紙《がようし》
画数《かくすう》・計画《けいかく》

8かく

「画」の書きじゅん。
「画 画 画 画 画 画 画 画」と書くよ。
「凵」のぶぶんは、さいごに二かくで書こう。

30ページ

用

はらう　つき出す　はねる

用　もちいる

読み方
ヨウ
もちいる

つかい方
用意《ようい》・利用《りよう》
どうぐを用《もち》いる

5かく

ものしりメモ　「今《こん》週」より前の週を「先週」、後の週を「来《らい》週」というよ。いっしょにおぼえよう。

30ページ

角

角《かく》　つの

はらう　はねる　つき出さない

7かく

角 角 角 角 角 角 角

読み方
カク
かど・つの

つかい方
三角《さんかく》・方角《ほうがく》・四角形《しかくけい》（しかっけい）
まがり角《かど》・うしの角《つの》

ちゅうい！
「角」の形。
○ 角　たてぼうを下につき出さないように。
× 角

30ページ

交

交　なべぶた

まっすぐ　とめる　はらう　はらう

6かく

交 交 交 交 交 交

読み方
コウ
まじわる・まじえる
まじる・まざる・まぜる
（かう）（かわす）

つかい方
交通《こうつう》・線が交《まじ》わる
カードを交《ま》ぜる

でき方
「交」のでき方。

↓交
人が足をまじわらせた形からできたかん字だよ。

30ページ

明

明　ひへん

小さく　はらう　はねる

8かく

明 明 明 明 明 明 明 明

読み方
メイ・ミョウ
あかり・あかるい・あかるむ
あからむ・あきらか・あける
あく・あくる・あかす

つかい方
説明《せつめい》・明朝《みょうちょう》
星《ほし》が明《あか》るい・夜明《よあ》け

30ページ

星

星　ひ

つき出す　ひらたく　ながく

9かく

星 星 星 星 星 星 星 星 星

読み方
セイ・（ショウ）
ほし

つかい方
星雲《せいうん》・火星《かせい》
星《ほし》がきれいだ・星空《ほしぞら》

読み方が新しいかん字

15ページ	15	23	23
時《ジ》	間《カン》	親《シン》	友《ユウ》
時間《じかん》		親愛《しんあい》	親友《しんゆう》

29	30	30	30
何《なん》	今《コン》	当《トウ》	紙《シ》
何《なん》だ	今週《こんしゅう》	当番《とうばん》	画用紙《がようし》

30	30
通《ツウ》	風《かざ》
交通《こうつう》	風車《かざぐるま》

ものしりメモ　「明」は、「日」＋「月」だね。「日」や「月」がてらして「あかるい」とおぼえよう。

れんしゅうのワーク

お手紙
主語《しゅ》と述語《じゅつ》に 気をつけよう

教科書 下13～30ページ
こたえ 4ページ

べんきょうした日 月 日

1 新しいかん字を読みましょう。

① 13ページ 自分（　）とくらべる。

② かなしい時（　）。

③ まっている時間（　）。

④ 家へ帰（　）る。

⑤ 何（　）を書くか考える。

⑥ 知り合（　）いに会う。

⑦ 親愛《あい》（　）なるなかまたち。

⑧ ぼくの親友（　）。

⑨ 29ページ これは何（　）だ。

⑩ 里（　）いもをほる。

⑪ 今週（　）のニュース。

⑫ きゅうしょく当番（　）。

⑬ 画用紙（　）にかく。

⑭ 三角（　）におる。

⑮ 交通（　）あんぜん。

⑯ 子どもが風車（　）をもつ。

⑰ 空が明（　）るい。

⑱ 星（　）がきれいだ。

⑲ てを合（　　）わせる。

⑳ 交番（　　）のおまわりさん。

㉑ 星空（　　）が広がる。

2 新しいかん字を書きましょう。〔　〕は、ひらがなも書きましょう。

① 13ページ □□《じぶん》でつくる。

② うれしい□《とき》。

③ □□《じかん》がかかる。

④ 大いそぎで〔　　〕《かえる》。

⑤ □《なに》をするかきめる。

⑥ 知り〔　　〕《あい》に聞く。

⑦ □《しん》愛《あい》の気もち。

⑧ □□《しんゆう》とのやくそく。

⑨ 29ページ □《なん》でもたべる。

⑩ □《さと》いもをにる。

⑪ □□《こんしゅう》のよてい。

⑫ そうじ□□《とうばん》。

⑬ □□□《がようし》をきる。

⑭ □□《さんかく》のおにぎり。

⑮ □□《こうつう》ルールをまもる。

⑯ □□《かざぐるま》が回る。

⑰ 月が〔　　〕《あかるい》。

⑱ □《ほし》がかがやく。

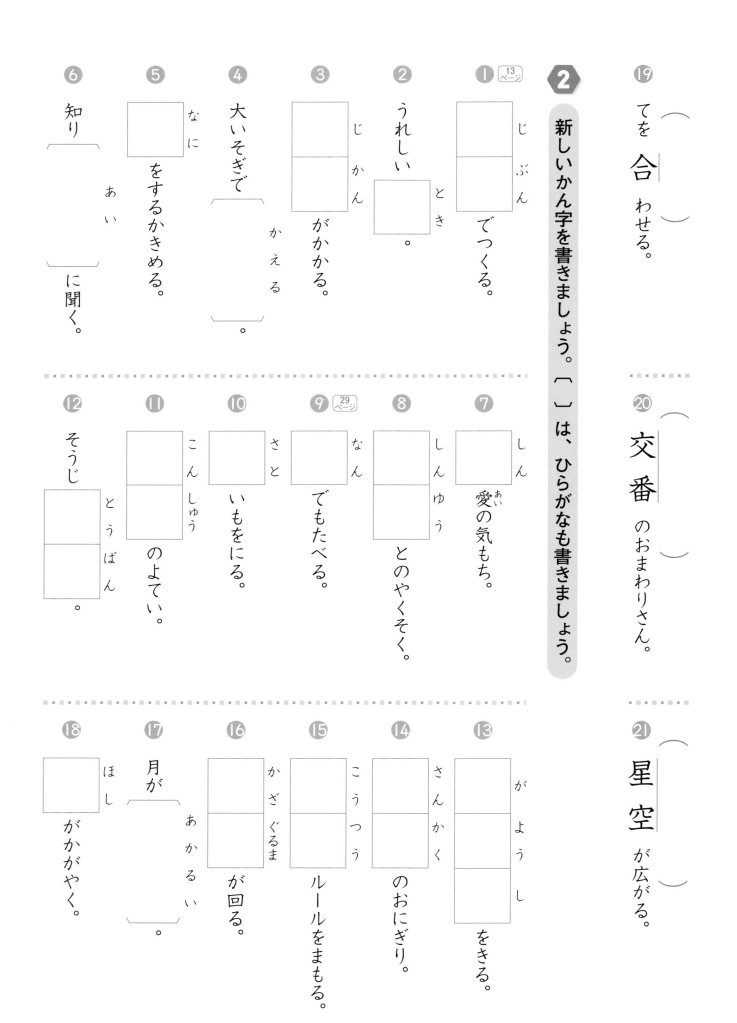

⑲ 力を〔　　　〕《あわせる》。

⑳ □□《こうばん》にとどける。

㉑ □□《ほしぞら》を見上げる。

3 かん字で書きましょう。（〜〜は、ひらがなも書きましょう。太い字は、この回でならったかん字をつかったことばです。）

① **じぶん**のいけんを**いう**。

② いえに**かえる** **じかん**だ。

③ **しんゆう**に**てがみ**をわたす。

④ **さと**いもを**たべる**。

⑤ **こんしゅう**の**とうばん**。

⑥ **がようし**に**え**をかく。

⑦ **さんかく**のかたちに**きる**。

⑧ **こうつう**あんぜんの**はなし**。

⑨ **あかるい** **ほし**が**ひかる**。

みんなで話をつなげよう

きほんのワーク

かん字の読み方／秋がいっぱい そうだんにのってください

教科書 ㊦31～40ページ

べんきょうした日　月　日

◆「読み方」の赤い字は教科書でつかわれている読みです。　はまちがえやすいかん字です。

かん字の読み方

32ページ

東（つき出す・はらう・はらう・とめる）

き　東

読み方：トウ　ひがし

つかい方：東京《とうきょう》・東京《とうきょう》えき　東《ひがし》がわ・東《ひがし》の空

8かく

32ページ

京（まっすぐ・ながく・はらう・とめる・はねる）

なべぶた　けいさんかんむり　京

読み方：キョウ・（ケイ）　―

つかい方：東京《とうきょう》・京都《きょうと》・京人形《きょうにんぎょう》　上京《じょうきょう》する

8かく

「京」のいみ。

「京」には、みやこのいみがあるよ。「東京」は、東（ひがし）にあるみやこというのいみだよ。

かん字のいみ

32ページ

古（ながく・つける）

くち　古

読み方：コ　ふるい・ふるす

つかい方：古風《こふう》・中古《ちゅうこ》　古《ふる》い本・つかい古《ふる》す

5かく

32ページ

寺（ながく・はねる）

すん　寺

読み方：ジ　てら

つかい方：寺院《じいん》・寺社《じしゃ》　お寺《てら》・山寺《やまでら》

6かく

二回ずつ書いてれんしゅうしよう

東京　古いお寺

書きじゅん 1　2　3　4　5　まちがえやすいところ…★

32ページ

西

西 にし

つき出さない　つける　はらう

読み方

セイ・サイ

にし

つかい方

北西《ほくせい》・東西《とうざい》

西日《にしび》・西《にし》をむく

6かく

32ページ

止

止 とめる

みじかく　ながく

読み方

シ

とまる・とめる

つかい方

休止《きゅうし》・中止《ちゅうし》

車が止《と》まる・通行止《つうこうど》め

4かく

32ページ

道

道 しんにょう しんにゅう

ながく　一かく

読み方

ドウ・（トウ）

みち

つかい方

道路《どうろ》・水道《すいどう》・歩道《ほどう》

さか道《みち》・山道《やまみち》・回り道《みち》

12かく

32ページ

野

野 さとへん

わすれない　はねる

読み方

ヤ

の

つかい方

野外《やがい》・野球《やきゅう》

広い野原《のはら》

11かく

32ページ

原

原 がんだれ

とめる　はらう　はねる

読み方

ゲン

はら

つかい方

草原《そうげん》（くさはら）・原《げん》こう用紙

野原《のはら》・原《はら》っぱ

10かく

「原」の形。

原　わすれない。　はねる。

ちゅうい！

32ページ

台

台 くち

とめる

読み方

ダイ・タイ

―

つかい方

ふみ台《だい》・高台《たかだい》・土台《どだい》

台風《たいふう》が来る

5かく

二回ずつ書いてれんしゅうしよう

止まる

野原

ものしりメモ　「古い」のはんたいのいみのことばは、「新しい」だよ。おくりがなにも気をつけよう。

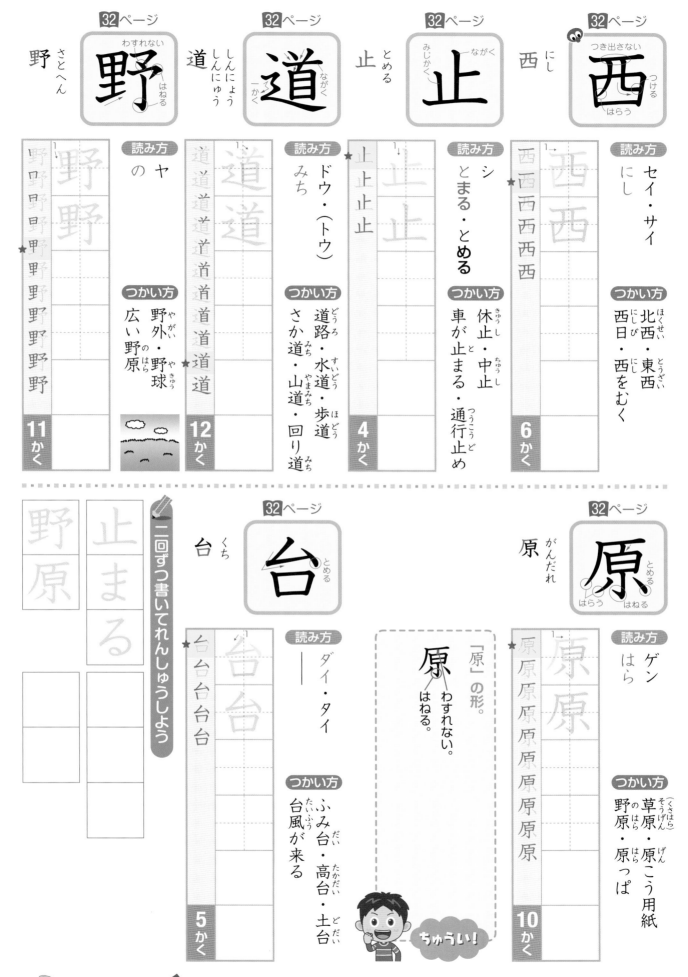

33ページ

船

ふねへん

あける　はらう　はらう　はねる

読み方　セン　ふね・ふな

つかい方　船長《せんちょう》・風船《ふうせん》　船《ふね》にのる・船《ふな》のり

11かく

33ページ

米

こめ

あける　はらう　はらう　つける

読み方　ベイ・マイ　こめ

つかい方　米食《べいしょく》・新米《しんまい》　お米《こめ》やパン

6かく

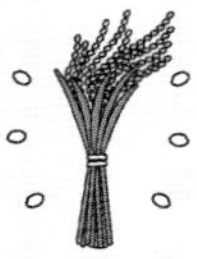

「米」のでき方。

→米

こめつぶのちらばるようすからできたかん字だよ。

秋がいっぱい／そうだんにのってください

34ページ

秋

のぎへん

みじかくとめる　とめる　はらう

読み方　シュウ　あき

つかい方　秋分《しゅうぶん》の日　秋《あき》の一日・秋《あき》まつり

9かく

39ページ

作

にんべん

すこしみじかく　とめる

読み方　サク・サ　つくる

つかい方　作者《さくしゃ》・作文《さくぶん》・動作《どうさ》　パンを作《つく》る

7かく

「作」のでき方。

乍　＋　亻

「亻」（ひと）と「乍」（木などに切れ目を入れる）からできたかん字だよ。人が何かをつくることをあらわすよ。

38ページ

理

おうへん

つき出さない　ながく

読み方　リ　―

つかい方　理由《りゆう》・理科《りか》　料理《りょうり》

11かく

読み方が新しいかん字

32ページ	32	32	32	32
魚《ギョ》	空《あく》	夜《よ》	明《あける》	山《サン》
金魚《きんぎょ》	空《あ》きばこ	夜《よ》が明《あ》ける	明《あ》ける	下山《げざん》

ものしりメモ

「明」には、「あかるい・あかるむ・あからむ・あける・あく・あくる・あかす」など、読み方がたくさんあるよ。それぞれおくりがなといっしょにおぼえておこう。

れんしゅうのワーク

かん字の読み方／秋がいっぱい そうだんにのってください

教科書 ㊦31～40ページ

こたえ 5ページ

べんきょうした日　月　日

1 新しいかん字を読みましょう。

1 （31ページ） 東京（　）えきが見える。

2 金魚（　）ばちをおく。

3 空（　）きばこをつみ上げる。

4 古（　）い本。

5 お寺（　）のかいだん。

6 西日（　）がさす。

7 夜（　）があける。

8 年が明（　）ける。

9 今から下山（　）する。

10 車が止（　）まる。

11 さか道（　）がつづく。

12 野原（　）がある。

13 ふみ台（　）から下りる。

14 船（　）がみなとに入る。

15 お米（　）をとぐ。

16 （34ページ） 秋（　）の草花。

17 （36ページ） パンを作（　）る。

18 理由《ゆう》（　）を言う。

⑲ （空）きかんをひろう。

⑳ 足を（止）める。

㉑ （山道）がつづく。

㉒ （高台）にある家。

2 あたらしいかん字を書きましょう。〔　〕は、おくりがなも書きましょう。

31ページ

① □□《とうきょう》行きのバス。

② □□《きんぎょ》にえさをやる。

③ おかしの〔　〕《あき》ばこ。

④ 〔　〕《ふるい》たてもの。

⑤ お□《てら》のかね。

⑥ □□《にしび》がまぶしい。

⑦ □《よ》あけに目がさめる。

⑧ 休みが〔　〕《あける》。

⑨ いそいで□□《げざん》する。

⑩ とけいが〔　〕《とまる》。

⑪ さか□《みち》を上る。

⑫ □□《のはら》で花をつむ。

⑬ ふみ□《だい》をつかう。

⑭ 大きい□《ふね》にのる。

⑮ お□《こめ》をたく。

16 （34ページ） さわやかな□《あき》のそら。

17 （36ページ） 朝ごはんを（　　）《つくる》。

18 はんたいの□《り》由《ゆう》。

19 せきが（　　）《あく》。

20 うごきを（　　）《とめる》。

21 □□《やまみち》をあるく。

3 かん字で書きましょう。（～～は、おくりがなも書きましょう。太い字は、この回でならったかん字をつかったことばです。）

1 とうきょうでせいかつする。

2 ふるいおてらにむかう。

3 にしびがあたる。

4 よがあける。

5 あたらしいおこめをかう。

6 ちちがひるごはんをつくる。

きほんのワーク

紙コップ花火の作り方／おもちゃの作り方をせつめいしよう　にたいみのことば、はんたいのいみのことば／かん字のひろば④

教科書　下41〜56ページ

べんきょうした日　月　日

紙コップ花火の作り方〜にたいみのことば、はんたいのいみのことば

43ページ

少　しょう

少（はらう・はねる・とめる・ながくはらう）

読み方
ショウ
すくない・すこし

つかい方
少女《しょうじょ》・少数《しょうすう》・少年《しょうねん》
人が少《すく》ない・少《すこ》し大きい

4かく

形のにているかん字。
少（すこ－し）　れい　少し休む。
小（ちい－さい）　れい　小さい子ども。

44ページ

谷　たに

谷（あける・とめる・つける・はらう）

読み方
たに
（コク）

つかい方
谷《たに》おり・谷川《たにがわ》
ふかい谷《たに》

7かく

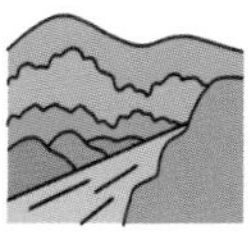

「谷」の形。
○谷
×谷
「㕣」のぶぶんを、「合」と書かないように気をつけよう。

◆「読み方」の赤い字は教科書でつかわれている読みです。

二回ずつ書いてれんしゅうしよう

少し

谷おり

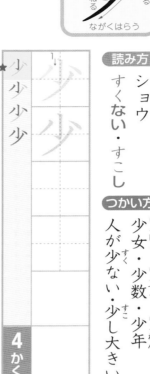

44ページ

細

細 いとへん

はらう　とめる

読み方

サイ
ほそい・ほそる
こまか・こまかい

つかい方

細工《さいく》・細《ほそ》い糸・やせ細《ほそ》る
細《こま》かいつぶ

細細細細細細細細細細細

11かく

はんたいのいみのことば。

細《ほそ》い ↔ 太《ふと》い

「細いひも」「太いぼう」などとつかうよ。

おぼえよう!

読み方が新しいかん字

44ページ	45	52
形《ケイ》	内《うち》	黒《コク》
長方形《ちょうほうけい》	内《うち》がわ	黒板《こくばん》

52	52	53
新《シン》	聞《ブン》	少《すくない》
新聞《しんぶん》		少《すく》ない

二回ずつ書いてれんしゅうしよう

細い　長方形　内がわ　黒板　新聞　少ない

ものしりメモ 「少ない」のはんたいのいみのことばは、「多い」だよ。「多少《たしょう》」で一つのことばにもなるよ。

れんしゅうのワーク

紙コップ花火の作り方／おもちゃの作り方をせつめいしよう／にたいみのことば、はんたいのいみのことば／かん字のひろば④

教科書 下 41～56ページ
こたえ 5ページ

べんきょうした日　月　日

1 あたらしいかん字を読みましょう。

① 41ページ 少（　　）し大きなもの。

② 谷（　　）おりと山おり。

③ はばが細（　　）い。

④ 長方形（　　）になる。

⑤ コップの内（　　）がわ。

⑥ 52ページ 黒（　　）板《ばん》に字をかく。

⑦ 新聞（　　）を読む。

⑧ 数が少（　　）ない。

⑨ 谷川（　　）がながれる。

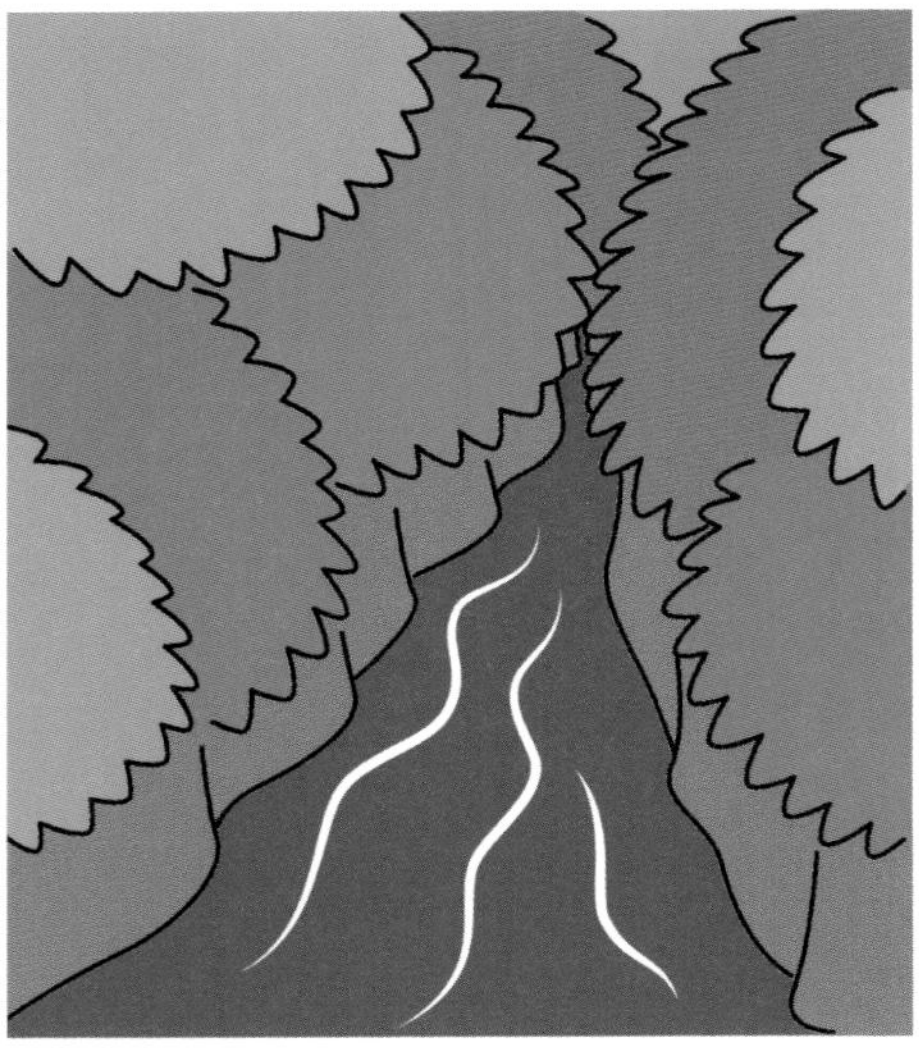

2 あたらしいかん字をかきましょう。〔　〕は、おくりがなもかきましょう。

① 41ページ しおを〔　　〕《すこし》入れる。

② □《たに》おりをくりかえす。

③ 〔　　〕《ほそい》木のえだ。

④ （　　　）《ちょうほうけい》のいた。

⑤ （　）《うち》がわにおる。

⑥ 52ページ （　）《こく》板《ばん》にこたえをかく。

⑦ （　　）《しんぶん》を広げる。

⑧ 雨が（　　）《すくない》。

⑨ （　　）《たにがわ》の水をのむ。

3 かん字でかきましょう。（〜〜は、おくりがなもかきましょう。太い字は、この回でならったかん字をつかったことばです。）

① **すこし**ずつ**たべる**。

② **たに**にさく**くさばな**。

③ **ほそい**みちを**あるく**。

④ **ちょうほうけい**のいろがみ。

⑤ **しろい**せんの**うち**がわ。

⑥ **こく**ばんになまえを**かく**。

⑦ あさおきてしんぶんをよむ。

□

⑧ ことしはゆきがすくない。

□

4 かん字のひろば

いち年生でならったかん字を書きましょう。

① □□□《ろっぴゃくえん》でうる。

② □□《せんえん》さつを出す。

③ □《きゅう》はちのうえ木。

④ □《よん》たばの花たば。

⑤ □《ご》ひきのねこ。

⑥ □□《いっぽん》のだいこん。

⑦ □□□《ひゃくえんだま》を出す。

⑧ □□□《ななじゅうえん》のやさい。

⑨ □□《はちにん》の子どもたち。

⑩ □《さん》びきのぶた。

⑪ □《いぬ》のさんぽに行く。

⑫ □《に》ひきのやぎをかう。

思いうかべたことをもとに、お話をしようかいしよう

きほんのワーク

みきのたからもの
冬がいっぱい

教科書 下 57～81ページ

べんきょうした日　月　日

◆「読み方」の赤い字は教科書でつかわれている読みです。はまちがえやすいかん字です。

みきのたからもの／冬がいっぱい

62ページ

首（ながく）

首　くび

読み方：シュ　くび

つかい方：首都《しゅと》・部首《ぶしゅ》　首《くび》をかしげる・手首《てくび》

9かく

68ページ

鳴（小さく　はねる　てんのむき）

鳴　とり

読み方：メイ　なく　なる・ならす

つかい方：悲鳴《ひめい》　鳥が鳴《な》く・すずが鳴《な》る

14かく

69ページ

心（とめる　まげる　はねる）

心　こころ

読み方：シン　こころ

つかい方：心《しん》ぱい・中心《ちゅうしん》　心《こころ》の中・心《こころ》がける

4かく

80ページ

冬（はらう　はらう）

冬　ふゆがしら　すいにょう

読み方：トウ　ふゆ

つかい方：冬季《とうき》・冬《とう》みん　冬《ふゆ》の朝・冬休《ふゆやす》み

5かく

きせつをあらわすかん字。

春《はる》夏《なつ》秋《あき》冬《ふゆ》

「春夏秋冬《しゅんかしゅうとう》」ということばもあるよ。

読み方が新しいかん字

58ページ 作《サク》	作《さく》と絵
59 遠《とおい》	遠《とお》い
68 生《ショウ》	一生《いっしょう》けんめい

れんしゅうのワーク　みきのたからもの／冬がいっぱい

教科書　㊦57～81ページ

こたえ　5ページ

べんきょうした日　月　日

1 新しいかん字を読みましょう。

① 57ページ 本人の作（　）。

② 遠（　）い星から来る。

③ 首（　）をかしげる。

④ 一生（　）けんめい見る。

⑤ からすが鳴（　）く。

⑥ 心（　）の中にしまう。

⑦ 80ページ 冬（　）になる。

⑧ 手首（　）をまげる。

⑨ 犬の鳴（　）きごえ。

⑩ 早おきを心（　）がける。

⑪ 冬（　）休みのよてい。

2 新しいかん字を書きましょう。〔　〕は、おくりがなも書きましょう。

① 57ページ じまんの□《さく》。

② 山まで〔　〕《とおい》。

③ □《くび》をよこにふる。

4 □□《いっしょう》けんめい話す。

5 にわとりが〔　　〕《なく》。

6 やさしい□《こころ》をもつ。

7 80ページ □《ふゆ》が近づく。

8 □□《てくび》をのばす。

9 あいさつを□《こころ》がける。

10 □《ふゆ》休みに出かける。

3 かん字で書きましょう。（〜〜は、おくりがなも書きましょう。太い字は、この回でならったかん字をつかったことばです。）

1 こうばんまで**とおい**。

2 キリンの**くび**は**ながい**。

3 **いっしょう**けんめい**かんがえる**。

4 **とり**の**なく**こえ。

5 **こころ**をこめて**うたう**。

6 さむい**ふゆ**のよる。

冬休み まとめのテスト①

教科書 上116〜下81ページ　こたえ 5ページ

時間 20ぷん

とく点　　/100点

べんきょうした日　　月　　日

1 ―線のかん字の読み方を書きましょう。 一つ2（24点）

① 二回（　　）読んでいみが分（　　）かる。

② 友（　　）だちと遠足（　　）の話をする。

③ 朝（　　）おきて顔（　　）をあらう。

④ お昼前（　　）ごろに外（　　）に出る。

⑤ 夜（　　）に算数（　　）のしゅくだいをする。

⑥ とくいな教科（　　）は体育《いく》（　　）だ。

2 □にかん字を書きましょう。（〔　〕はかん字とおくりがなを書きましょう。） 一つ2（24点）

① 人に〔あう〕。

② □□（てがみ）を書く。

③ □□（たいせつ）なこと。

④ □□（まいにち）はしる。

⑤ まとに〔あてる〕。

⑥ □（あと）につづく。

⑦ □（ちち）から聞いた話。

⑧ □（あに）とあそぶ。

⑨ □□（こくご）の時間。

⑩ □□（せいかつ）のちえ。

⑪ すきな□□（おんがく）。

⑫ □□（ずこう）のようい。

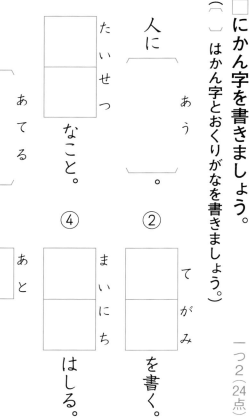

3 おくりがなの正しいほうに、○をつけましょう。 一つ2（12点）

① ア（　）古るい
　イ（　）古い

② ア（　）止まる
　イ（　）止る

③ ア（　）少ない
　イ（　）少い

④ ア（　）作くる
　イ（　）作る

⑤ ア（　）数える
　イ（　）数る

⑥ ア（　）直おす
　イ（　）直す

4 つぎのかん字の二通りの読み方を書きましょう。 一つ2（16点）

① 親 ア くまの親子。（　　）
　　イ 親しい友だち。（　　）

② 時 ア 時がたつ。（　　）
　　イ 六時におきる。（　　）

③ 間 ア 一週間のよてい。（　　）
　　イ 人間の体。（　　）

④ 何 ア 何まいもかさねる。（　　）
　　イ 何をするか考える。（　　）

5 つぎの足し算をすると、どんなかん字ができますか。□にかん字を書きましょう。 一つ2（4点）

① 口＋鳥→□

② 王＋里→□

6 □にあてはまるかん字を[　]からえらんで書き、二字のことばをつくりましょう。 一つ3（12点）

① □話

② □原

③ 半□

④ 新□

分	聞	野	電

7 つぎのかん字は何かくで書きますか。（　）に数字で書きましょう。 一つ2（8点）

① 弟（　）かく

② 道（　）かく

③ 帰（　）かく

④ 細（　）かく

冬休み まとめのテスト②

教科書 ㊤116～㊦81ページ
こたえ 6ページ
時間 20ぷん
とく点 　/100点
べんきょうした日 　月　日

1 ――線のかん字の読みかたを書きましょう。 一つ2（24点）

① 今週（　　）のそうじ当番（　　）。

② 画用紙（　　）を三角（　　）に切る。

③ 船（　　）から東京（　　）タワーが見える。

④ お寺（　　）の前でしばらく立ち止（　　）まる。

⑤ 秋（　　）にはおいしいお米（　　）がとれる。

⑥ 少（　　）しずつ冬（　　）が近づく。

2 □にかん字を書きましょう。（〔　〕はかん字とおくりがなを書きましょう。） 一つ2（24点）

① □□《じぶん》でする。

② 知り〔　　〕《あい》。

③ □《さと》いもをむく。

④ □□《こうつう》ルール。

⑤ □□《かざぐるま》をもつ。

⑥ かがやく□《ほし》。

⑦ きゅうなさか□《みち》。

⑧ ふみ□《だい》にのる。

⑨ 〔　　〕《ほそい》ひも。

⑩ □□□《ちょうほうけい》。

⑪ □《くび》をふる。

⑫ やさしい□《こころ》。

3 ——線のことばを、かん字とおくりがなで書きましょう。 一つ3(15点)

① 年があける。 □
② かるたにしたしむ。 □
③ こまをまわす。 □
④ たびをたのしむ。 □
⑤ 学校からかえる。 □

4 つぎのかん字と同じなかまのかん字を、□からえらんで□に書きましょう。 ぜんぶできて一つ3(6点)

① 朝――□・□
② 山――□・□・□

昼 海 池 夜 谷

5 つぎのことばとはんたいのいみのことばを、□にかん字で書きましょう。 一つ3(15点)

① 内↔□
② あたらしい↔□い
③ 近い↔□い
④ くらい↔□るい
⑤ 午前↔午□

6 つぎのかん字の赤字のところは、何かく目に書きますか。( )に数字で書きましょう。 一つ2(4点)

① 西( )かく目
② 止( )かく目

7 かたちのにているかん字に気をつけて、□にかん字を書きましょう。 一つ2(12点)

① □《しん》年・□《しん》友
② □《まい》日・□《はは》の日
③ 木と木の□《あいだ》・話を□《き》く

だいじなことばに気をつけて読み、分かったことを知らせよう

きほんのワーク

かたかなで書くことば／ロボット
カンジーはかせの大はつめい／すてきなところをつたえよう

教科書 下 84～110ページ

べんきょうした日　月　日

かたかなで書くことば／ロボット

◆「読み方」の赤い字は教科書でつかわれている読みです。●●はまちがえやすいかん字です。

84ページ

戸 と

戸（よこにかく・はらう）

読み方：コ／と

つかい方：戸外《こがい》・一戸《いっこ》だて　雨戸《あまど》・戸《と》じまり

4かく

84ページ

麦 むぎ

麦（ながく・はらう）

読み方：（バク）／むぎ

つかい方：麦茶《むぎちゃ》・小麦《こむぎ》　麦《むぎ》ばたけ

7かく

84ページ

茶 くさかんむり

茶（つける・はらう・はらう・とめる・あける）

読み方：チャ・（サ）／—

つかい方：麦茶《むぎちゃ》・茶色《ちゃいろ》　茶《ちゃ》わん

9かく

84ページ

地 つちへん

地（ながく・はねる・まげる）

読み方：チ・ジ／—

つかい方：土地《とち》・地図《ちず》　地方《ちほう》・地《じ》めん

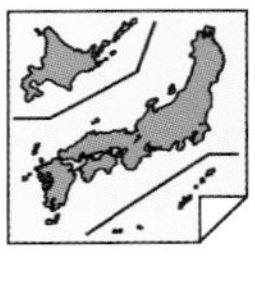

6かく

形のにているかん字。

地（チ）　れい　広い土地《と》。

池（いけ）　れい　池の中。

84ページ

市 はば

市（まっすぐ・とめる・はねる）

読み方：シ／いち

つかい方：市長《しちょう》・市内《しない》・市役所《しやくしょ》　市場《いちば》（しじょう）・朝市《あさいち》

5かく

書きじゅん　1　2　3　4　5　まちがえやすいところ…★

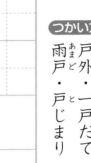

84ページ

場

場　つちへん

ながく　はねる

読み方
ジョウ
ば

つかい方
会場《かいじょう》・工場《こうじょう》(こうば)
広場《ひろば》・場合《ばあい》

12かく

90ページ

答

答　たけかんむり

つける　はらう

読み方
トウ
こたえる・こたえ

つかい方
答《とう》あん・回答《かいとう》・返答《へんとう》
といに答《こた》える・答《こた》え

12かく

ちゅうい!
「答」の形。
答
「⺮」は、「竹」とは形がかわるよ。

92ページ

歩

歩　とめる

とめる　はらう　はねる　ながくはらう

読み方
ホ・(ブ)(フ)
あるく・あゆむ

つかい方
歩行《ほこう》・初歩《しょほ》
道を歩《ある》く・歩《あゆ》み

8かく

104ページ

才

才　て

すこし出す　はらう　はねる

読み方
サイ
—

つかい方
天才《てんさい》・才《さい》のう

3かく

ちゅうい!
「才」の形。
才
かたかなの「オ」と同じにならないように、「才」の「ノ」は、たてぼうより少し右に出して書こう。

104ページ

門

門　もん

とめる　はねる

読み方
モン
(かど)

つかい方
門《もん》がひらく
校門《こうもん》・入場門《にゅうじょうもん》

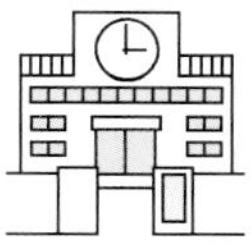

8かく

でき方
「門」のでき方。

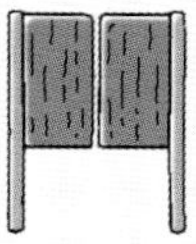

↓
門
左右《さゆう》のとびらをしめた門の形からできたかん字だよ。

ものしりメモ　「戸」は、「門」の左がわのとびらの「[illegible]」の形からできたかん字だよ。

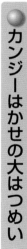

105ページ

弓 ゆみ

弓（はねる）

読み方

（キュウ）

ゆみ

つかい方

弓矢《ゆみや》・弓《ゆみ》を引く

弓 弓 弓

3かく

105ページ

矢 や

矢（つき出さない・ながく・はらう）

読み方

（シ）

や

つかい方

弓矢《ゆみや》・矢《や》じるし

矢《や》をいる

矢 矢 矢 矢 矢

5かく

すてきなところをつたえよう

「矢」の形。

○ 矢　左はらいの書きはじめを上につき出さないように。

× 失

107ページ

計 ごんべん

計（ながく）

読み方

ケイ

はかる・はからう

つかい方

計算《けいさん》・計画《けいかく》・合計《ごうけい》

時間を計《はか》る

計 計 計 計 計 計 計 計 計

9かく

107ページ

室 うかんむり

室（まっすぐ・はねる・とめる・とめる・ながく）

読み方

シツ

（むろ）

つかい方

ほけん室《しつ》・室内《しつない》

温室《おんしつ》・教室《きょうしつ》

室 室 室 室 室 室 室 室 室

9かく

「室」のいみ。

「室」には、へやのいみがあるよ。

「室」のつくことばには、「音楽室」「地下室」などがあるよ。

読み方が新しいかん字

84ページ	84	84
雨 あま	鳴 なる	外 ガイ
雨戸《あまど》	鳴《な》る	外国《がいこく》
84	84	84
行 コウ	国 くに	土 ト
通行《つうこう》	国《くに》の名前	土地《とち》
84	97	104
家 カ	場 ジョウ	合 ガッ
はつめい家《か》	工場《こうじょう》	合体《がったい》

二回ずつ書いてれんしゅうしよう

弓矢

計算

ものしりメモ 「矢」は、「矢つぎばや」「矢のようにすぎる」など、「はやい」ことのたとえにもつかわれるよ。

だいじなことばに気をつけて読み、分かったことを知らせよう

れんしゅうのワーク

かたかなで書くことば／ロボット
カンジーはかせの大はつめい／すてきなところをつたえよう

教科書 下84～110ページ

答え 6ページ

べんきょうした日　月　日

1 新しいかん字を読みましょう。

① (84ページ) 雨戸（　　）をしめる。

② かねが 鳴（　）る。

③ 外国（　　）から来たことば。

④ バスが 通行（　　）する。

⑤ 麦茶（　　）を入れる。

⑥ せかいの 国（　）。

⑦ 土地（　　）の名前。

⑧ 市場（　　）にいく。

⑨ はつめい 家（　）のエジソン。

⑩ (87ページ) しつもんに 答（　）える。

⑪ 道を 歩（　）く。

⑫ 車をつくる 工場（　　）。

⑬ (104ページ) かん字の 天才（　　）。

⑭ 二つを 合体（　　）させる。

⑮ 学校の 門（　）の前に立つ。

⑯ 弓矢（　　）をはつめいする。

⑰ (106ページ) 計算（　　）を教える。

⑱ ほけん 室（　）につれていく。

⑲ 地図（　　）を見る。

⑳ 広場（　　）にあつまる。

㉑ 教室（　　）に入る。

2 新しいかん字を書きましょう。〔　〕は、おくりがなも書きましょう。

① 84ページ □□《あまど》をあける。

② チャイムが〔　　〕《なる》。

③ □□《がいこく》にすむ。

④ 車の□□《つうこう》が多い。

⑤ □□《むぎちゃ》をのむ。

⑥ □《くに》の名前。

⑦ □□《とち》をたがやす。

⑧ □□《いちば》で魚を買う。

⑨ ゆう名な、はつめい□《か》。

⑩ 87ページ もんだいに〔　　〕《こたえる》。

⑪ ゆっくり〔　　〕《あるく》。

⑫ □□《こうじょう》ではたらく。

⑬ 104ページ はつめいの□□《てんさい》。

⑭ 一つに□□《がったい》する。

⑮ 大きないえの□《もん》。

⑯ □□《ゆみや》をもつ。

⑰ 106ページ おつりを□□《けいさん》する。

⑱ ほけん□《しつ》で休む。

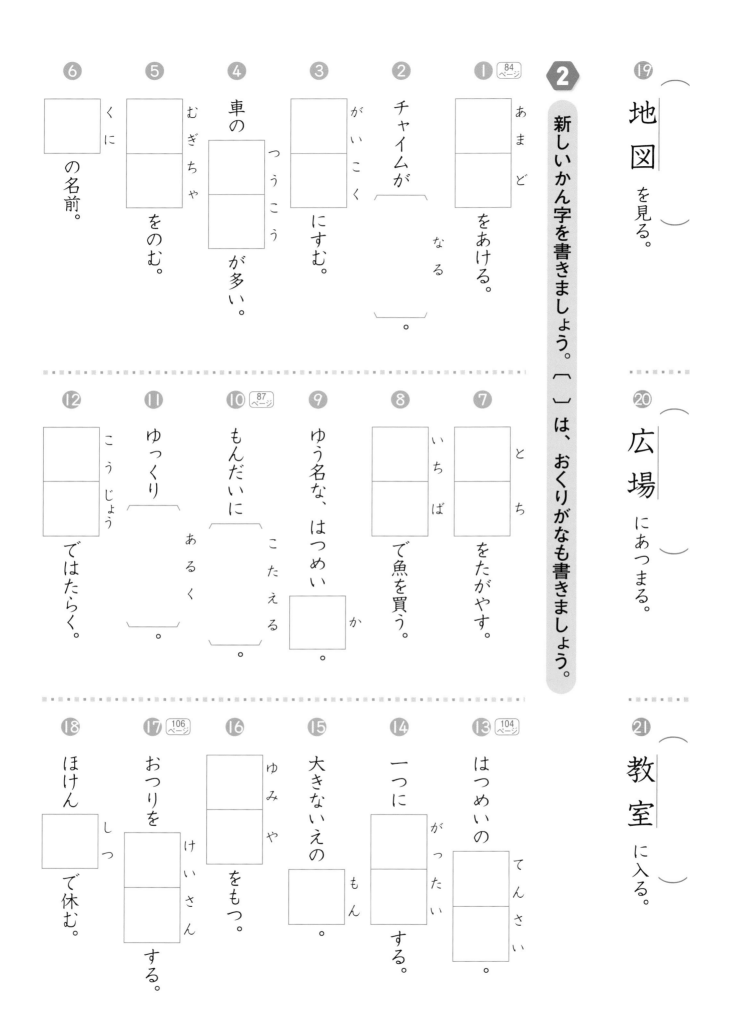

読んで、かんじたことをつたえ合おう／組み立てを考えて、はっぴょうしよう

きほんのワーク

スーホの白い馬／かん字の広場⑤ 楽しかったよ、二年生

教科書 下 111～135ページ

べんきょうした日 月 日

◆「読み方」の赤い字は教科書でつかわれている読みです。●●はまちがえやすいかん字です。

スーホの白い馬／楽しかったよ、二年生

111ページ

馬《うま》

はじめにかく　はねる　てんのむき

読み方
バ
うま・ま

つかい方
馬車《ばしゃ》・けい馬《ば》
白い馬《うま》・群馬《ぐんま》

10かく

「馬」の書きじゅん。
「馬馬馬馬馬馬馬馬馬馬」と書くよ。
はじめに左のたてぼう→上のよこぼう→まん中のたてぼうのじゅんで書こう。

112ページ

北《ひ》

はねる　まげる

読み方
ホク
きた

つかい方
北西《ほくせい》・東北《とうほく》
北《きた》の方・北風《きたかぜ》

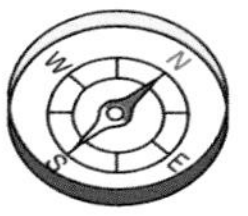

5かく

112ページ

牛《うし》

つき出す　ながく

読み方
ギュウ
うし

つかい方
牛《ぎゅう》にゅう
牛《うし》や馬・子牛《こうし》

4かく

119ページ

走《はしる》

つける　ながく　はらう

読み方
ソウ
はしる

つかい方
競走《きょうそう》・百メートル走《そう》
馬が走《はし》る・走《はし》りだす

7かく

形のにているかん字。
走（はし-る）　れい　みんなで走る。
歩（ある-く）　れい　ゆっくり歩く。

書きじゅん 1 2 3 4 5　まちがえやすいところ…★

売

120ページ

売 さむらい

売（ながく・はねる・はらう・まげる）

読み方

バイ

う**る**・う**れる**

つかい方

売店《ばいてん》・売買《ばいばい》・発売《はつばい》

売《う》りに来る・高く売《う》れる

7かく

売 売 売 売 売 売 売

はんたいのいみのことば。

売《う》る ⟷ 買《か》う

ものの売り買いのことを「売買《ばいばい》」というよ。

弱

124ページ

弱 ゆみ

弱（はねる）

読み方

ジャク

よわ**い**・よわ**る**

よわ**まる**・よわ**める**

つかい方

弱点《じゃくてん》・強弱《きょうじゃく》

体が弱《よわ》る・風が弱《よわ》まる

10かく

弱 弱 弱 弱 弱 弱 弱 弱 弱 弱

二回ずつ書いてれんしゅうしよう

売る　弱る

強

133ページ

強 ゆみへん

強（つける・はねる・とめる）

読み方

キョウ・（ゴウ）

つよ**い**・つよ**まる**

つよ**める**・（し**いる**）

つかい方

強風《きょうふう》・強力《きょうりょく》

強《つよ》い風・火を強《つよ》める

11かく

強 強 強 強 強 強 強 強 強 強 強

はんたいのいみのことば。

強《つよ》い ⟷ 弱《よわ》い

強いことと弱いことを「強弱《きょうじゃく》」というよ。

読み方が新しいかん字

ページ	かん字	つかい方
111ページ	草《ソウ》	草原《そうげん》
111	原《ゲン》	草原《そうげん》
111	少《ショウ》	少年《しょうねん》
113	頭《トウ》	二十頭《にじっとう》（にじゅっとう）
115	食《く》う	食《く》われる
117	兄《キョウ》	兄弟《きょうだい》
117	弟《ダイ》	兄弟《きょうだい》
118	馬《バ》	けい馬《ば》
120	家《ケ》	家来《けらい》
120	来《ライ》	家来《けらい》
127	音《ね》	がっきの音《ね》

ものしりメモ はんたいのいみのことばをおぼえよう。「売る」と「買う」、「弱い」と「強い」、「近い」と「遠い」、「細い」と「太い」などたくさんあるね。

れんしゅうのワーク

スーホの白い馬／かん字の広場⑤ 楽しかったよ、二年生

教科書 下111～135ページ

答え 7ページ

べんきょうした日　月　日

1 新しいかん字を読みましょう。

① (111ページ) 白い 馬。

② 広い 草原。

③ ひつじかいの 少年。

④ 中国《ちゅうごく》の 北 の方。

⑤ ひつじや 牛 をかう。

⑥ 二十頭 のひつじ。

⑦ おおかみに 食 われる。

⑧ 兄弟 に話す。

⑨ けい 馬 の大会。

⑩ 先頭を 走 る。

⑪ 馬を 売 りに来る。

⑫ 家来 たちがとびかかる。

⑬ 白馬が 弱 る。

⑭ がっきの 音 がひびく。

⑮ (132ページ) 強 いボールをとる。

⑯ つめたい 北風。

⑰ 弱火 でにる。

2 新しいかん字を書きましょう。〔　〕は、おくりがなも書きましょう。

1 111ページ 生まれたばかりの□《うま》。

2 □□《そうげん》が広がる。

3 □□《しょうねん》に声をかける。

4 □《きた》の方へ行く。

5 □《うし》をそだてる。

6 □□□《にじっとう》のやぎ。

7 とらに〔　　〕《くわれる》。

8 □□《きょうだい》にはなしかける。

9 けい□《ば》を見に行く。

10 とぶように〔　　〕《はしる》。

11 市場で魚を〔　　〕《うる》。

12 とのさまの□□《けらい》。

13 犬が〔　　〕《よわる》。

14 虫の□《ね》がきこえる。

15 132ページ 〔　　〕《つよい》ちからでおす。

3 かん字で書きましょう。（～～は、おくりがなも書きましょう。太い字は、この回でならったかん字をつかったことばです。）

1 **そうげん**を**うま**がはしる。

2 **しょうねん**のはなしをきく。

3 **きた**にむかってあるく。

④ うしがよわる。

⑤ きょうだいでうたう。

⑥ つよいかぜがふく。

4 かん字の広場

一ねん生でならったかん字を書きましょう。〔 〕は、おくりがなも書きましょう。

① □□《あおぞら》を見あげる。

② 木の□《うえ》のねこ。

③ □《みぎ》にすすむ。

④ □《ひだり》にまがる。

⑤ 木の□《した》でまつ。

⑥ あなから〔　　〕《でる》。

⑦ 中に〔　　〕《はいる》。

⑧ □《おんな》の□《こ》がわらう。

⑨ かけ□《あし》でにげる。

⑩ □《おとこ》の□《こ》がいる。

⑪ □《ちから》もちのおとうさん。

⑫ ゆっくり〔　　〕《やすむ》。

⑬ □□《たけうま》にのる。

⑭ □□《めいじん》になる。

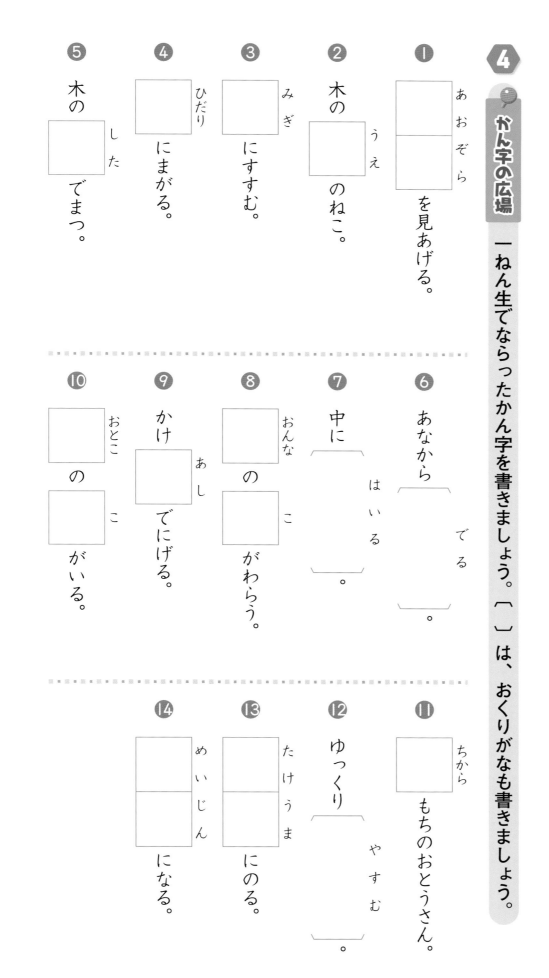

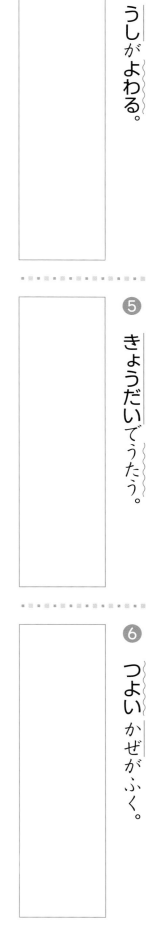

2年 しあげのテスト①

答え 7ページ

時間 20ぷん

とく点 /100点

べんきょうした日 月 日

1 ――線のかん字の読み方を書きましょう。 一つ2（24点）

①（ ）市場で（ ）麦茶をのむ。

②（ ）国の（ ）土地をかりる。

③（ ）計算もんだいに（ ）答える。

④（ ）家来が（ ）弓矢でたたかう。

⑤（ ）少年が元気よく（ ）走る。

⑥（ ）二十頭あまりの（ ）牛をそだてる。

2 □にかん字を書きましょう。（ ）はかん字とおくりがなを書きましょう。 一つ2（24点）

① 古い□□《あまど》。

② 右がわ□□《つうこう》。

③ 絵の□□《てんさい》。

④ □《もん》があく。

⑤ ほけん□《しつ》。

⑥ 広い□□《そうげん》。

⑦ □《きた》をめざす。

⑧ 三人□□《きょうだい》。

⑨ 本を（　　）《うる》。

⑩ 体が（　　）《よわる》。

⑪ がっきの□《ね》。

⑫ 力が（　　）《つよい》。

3 ——線のことばを、かん字とおくりがなで書きましょう。 一つ3（12点）

① ベルをならす。
② えきまであるく。
③ よわい力でにぎる。
④ 風がつよまる。

4 つぎの二つのかん字を合体させて一つのかん字を作り、□に書きましょう。 一つ2（4点）

① 止＋少 → □
② 矢＋口 → □

5 つぎのかん字の赤字のところは、何かく目に書きますか。（　）に数字で書きましょう。 一つ3（6点）

① 弓（　）かく目
② 走（　）かく目

6 つぎのかん字の二とおりの読み方を書きましょう。 一つ3（24点）

① 食　ア みかんを食べる。（　）　イ めしを食う。（　）
② 合　ア クラスで話し合う。（　）　イ 二つが合体する。（　）
③ 外　ア 家の外に出る。（　）　イ 外国でくらす。（　）
④ 馬　ア 馬にえさをやる。（　）　イ けい馬の大会。（　）

7 つぎのかん字と同じなかまのかん字を、□からえらんで□に書きましょう。 ぜんぶできて一つ3（6点）

① 犬 —— □・□
② 青 —— □・□・□

黒	茶	牛
馬	黄	

2年 しあげのテスト②

答え 7ページ

時間 20ぷん

とく点 /100点

べんきょうした日 月 日

1 ――せんのかん字のよみかたを書きましょう。 一つ1（12点）

① 日曜日（　　）に図書（　　）館《かん》にいく。

② 晴（　　）れの日が多（　　）い。

③ 毎日（　　）店のそばを通（　　）る。

④ 星（　　）の数を数（　　）える。

⑤ 自分（　　）ひとりで帰（　　）る。

⑥ 古（　　）いお寺（　　）にまいる。

2 □にかん字を書きましょう。（〔　〕はかん字とおくりがなを書きましょう。） 一つ2（24点）

① 父に〔　　〕《いう》。

② 先生と〔　　〕《はなす》。

③ 〔　　〕《たかい》ビル。

④ □《かぜ》がふく。

⑤ 糸が〔　　〕《きれる》。

⑥ □□《げんき》が出る。

⑦ 道を〔　　〕《おしえる》。

⑧ □《かお》をあらう。

⑨ □□《こんしゅう》の当番。

⑩ □□□《がようし》。

⑪ 広い□□《のはら》。

⑫ ねこが〔　　〕《なく》。

3 ——せんのことばを、かん字とおくりがなで書きましょう。　一つ1（4点）

① あかるい光がさす。 □

② きもちをかんがえる。 □

③ こまがくるくるまわる。 □

④ たのしい一日。 □

4 つぎのかん字の——せんのよみかたを書きましょう。　一つ1（6点）

① 家
- ア　友だちの家にいく。（　　）
- イ　はつめい家になる。（　　）
- ウ　家来があつまる。（　　）

② 少
- ア　人が少ない。（　　）
- イ　少しずつすすむ。（　　）
- ウ　ひつじかいの少年。（　　）

5 形のにているかん字にきをつけて、□にかん字を書きましょう。　一つ1（8点）

① □《おや》・□《あたら》しい

② □《うし》・□《ご》後

③ 土□《ち》・□《いけ》

④ 百□《まん》・夕□《がた》

6 つぎのことばとはんたいのいみのことばを、□にかん字で書きましょう。　一つ2（12点）

① 弱い ↕ □い

② 帰る ↕ □く

③ 太い ↕ □い

④ 買う ↕ □る

⑤ 後ろ ↕ □

⑥ 昼 ↕ □

7 つぎのかん字は何かくで書きますか。（　）に数字で書きましょう。　一つ1（2点）

① 近（　　）かく

② 海（　　）かく

8 同じよみ方をするかん字を、□に書きましょう。 一つ2（12点）

① コウ
□番で道をたずねる。
みん□館《かん》にあつまる。

② エン
どうぶつ□にいく。
足のじゅんびをする。□

③ あ（う）
みんなではなし□う。
えきで友だちに□う。

9 つぎのかん字の赤字のところは何かく目に書きますか。（　）に数字で書きましょう。 一つ1（4点）

① 何（　）かく目
② 科（　）かく目
③ 半（　）かく目
④ 長（　）かく目

10 つぎのかん字と同じなかまのかん字を、□からえらんで□に書きましょう。 ぜんぶできて一つ2（6点）

① 春―□・□・□
② 東《ひがし》―□・□・□
③ 父―□・□・□・□・□

妹　夏　母　西　冬　姉
北　弟　秋　兄　南

11 同じぶぶんをもつかん字を、□に書きましょう。 一つ1（10点）

① □《え》本・赤い□《せん》・□《く》み立て
② 日□《き》・国□《ご》・□《どく》書・□《けい》算
③ 白い□《くも》・□《ゆき》国・□《でん》車

教科書ワーク

答えとてびき

「答えとてびき」は、とりはずすことができます。

光村図書版

かん字 2 年

使い方

まちがえた問題は、くり返し書いて練習し、確実に書けるまで指導してあげてください。この本で、教科書に出てくる漢字の使い方を覚え、漢字の力を身につけましょう。

●教科書 こくご二上 たんぽぽ

ふきのとう 図書館たんけん

4・5ページ れんしゅうのワーク

1
①よ ②おんどく ③ゆき ④こえ ⑤い
⑥い ⑦みなみ ⑧としょ ⑨ちゅう
⑩か ⑪かた ⑫えほん ⑬し
⑭どくしょ ⑮え

2
①読む ②音読 ③雪 ④声 ⑤言う
⑥行く ⑦南 ⑧図書 ⑨虫 ⑩書く
⑪方 ⑫絵本 ⑬知る

3
①本を 音読する。 ②白い 雪が ふる。
③図書かんへ 行く。

春が いっぱい／日記を 書こう ともだちは どこかな

8・9ページ れんしゅうのワーク

1
①はる ②は ③おも ④にっき
⑤にちようび ⑥にく ⑦はな ⑧き
⑨おんせい ⑩おも ⑪すいようび
⑫にく

2
①春 ②生える ③思い ④日記
⑤日曜日 ⑥肉 ⑦話す ⑧聞く ⑨音声
⑩思う ⑪肉

3
①春の 花が さく。
②手がかりを 思い出す。
③日曜日の 天気。
④肉を かいに 行く。 ⑤先生に 話す。
⑥虫の 声を 聞く。

たんぽぽの ちえ

12・13ページ れんしゅうのワーク

1
①きいろ ②くろ ③ふと ④げ ⑤たか
⑥かぜ ⑦は ⑧け ⑨おお ⑩あたら
⑪かんが ⑫いちぎょうめ

2
①黄色 ②黒 ③太る ④毛 ⑤高い
⑥風 ⑦晴れる ⑧気 ⑨多い ⑩新しい
⑪考える ⑫一行目

3
①黄色い 絵のぐ。
②黒の ペンで 字を 書く。
③高い 山に のぼる。 ④空が 晴れる。
⑤しめり気が 多い。
⑥新しい 本を かう。

かんさつ名人に　なろう　同じ　ぶぶんを　もつ　かん字

17・18ページ　れんしゅうのワーク

1
①めいじん　②かたち　③からだ　④なが
⑤ほう　⑥ちか　⑦おな　⑧いま
⑨かいしゃ　⑩こがたな(しょうとう)
⑪き　⑫ちょうない　⑬みせ　⑭あね
⑮いもうと　⑯せん　⑰きしゃ　⑱うみ

2
①名人　②形　③体　④長さ　⑤方
⑥近づける　⑦同じ　⑧今　⑨会社
⑩小刀　⑪切れる　⑫町内　⑬店　⑭姉
⑮妹　⑯線　⑰汽車　⑱海

スイミー／かん字の　ひろば①　メモを　とる　とき

21〜23ページ　れんしゅうのワーク

1
①さかな　②ひろ　③なまえ　④げんき
⑤すいちゅう　⑥いわ　⑦た　⑧おし
⑨ひかり　⑩いえ　⑪いけ　⑫さかな
⑬ひろ　⑭まえ　⑮いわ　⑯おし
⑰ひかり　⑱いえ

2
①魚　②広い　③名前　④元気　⑤水中
⑥岩　⑦食べる　⑧教える　⑨光　⑩家
⑪池　⑫広い　⑬前　⑭岩　⑮教える
⑯光

3
①魚を　食べる。
②広い　海で　およぐ。
③元気な　声で　うたう。

4
①夕日　②赤い　③田　④村　⑤学校
⑥車　⑦貝　⑧川　⑨青い　⑩山　⑪王
⑫森　⑬町　⑭林

こんな　もの、見つけたよ　あったらいいな、こんなもの／夏がいっぱい　お気に入りの本をしょうかいしよう／ミリーのすてきなぼうし

27〜29ページ　れんしゅうのワーク

1
①く　②うし　③かず　④まる　⑤てん
⑥かいわ　⑦か　⑧ひ　⑨はね　⑩くも
⑪なつ　⑫てんちょう　⑬こうえん
⑭とお　⑮きゅうまんえん　⑯た　⑰から
⑱あたま　⑲く　⑳とり　㉑うた

2
①組み　②後ろ　③数　④丸　⑤点
⑥会話　⑦買う　⑧引き　⑨羽　⑩雲
⑪夏　⑫店長　⑬公園　⑭通る　⑮九万円
⑯足りる　⑰空　⑱頭　⑲来る　⑳鳥
㉑歌

3
①後ろで　手を　組む。
②へやの　数が　多い。
③赤い　丸で　かこむ。
④店で　肉を　買う。
⑤黄色い　鳥の　羽。
⑥空に　うかぶ　雲。
⑦あつい　夏が　来る。
⑧公園の　中を　通る。
⑨頭の　上に　のせる。

夏休み　まとめのテスト①・②

30・31ページ　まとめのテスト❶

1
①こえ・い　②みなみ・い(ゆ)
③かぜ・げ　④おな・かたち
⑤いま・かいしゃ　⑥あね・うみ

2
①読む　②図書　③書く　④知る　⑤春
⑥日記　⑦日曜日　⑧黄色　⑨黒
⑩切れる　⑪妹　⑫線

3
①イ　②イ

4
①11(十一)　②11(十一)　③4(四)
④6(六)

5
①絵　②公　③岩　④思

6
①内・肉　②気・汽　③力・刀　④丸・九
⑤方・万

7
①太　②高　③長　④買　⑤広　⑥後

てびき

1　①「言う」の読み方は「いう」です。「ゆう」としないようにしましょう。
②「行く」の「ゆく」という読み方は三

年生で習います。

2 ②「口」で囲まれた漢字は、書き順に気をつけましょう。「｜冂冂冈図図」と、中の部分を書いてから、最後に下の横棒を書きます。

⑥「記」は、「己」の部分の画数に気をつけて書きましょう。「フコ己」と三画で書きます。

⑧「黄」の七画目の縦棒は、上につき出して書きます。

3 ①「おおい」②「とおる」の読み方は、特にまちがえやすいので注意します。「おうい」「とうる」としないようにしましょう。一年生で習った漢字の「大きい(おおきい)」、「王さま(おうさま)」も、あわせて復習しておきましょう。

4 ①「糸」の部分は六画で書きます。

④「丂」の部分は、「一丂」と二画で書きます。

6 形が似ていてまちがえやすい漢字です。異なる部分に気をつけて書きましょう。

④「丸」も「九」も、左はらいから書きます。

⑤「方」も「万」も、書き順をまちがえやすい漢字です。「丶亠亍方」「一丆万」と書きます。「方」は三画目、「万」は二画目に気をつけましょう。

---

7 反対の意味の言葉は、いっしょに覚えましょう。

②「高い」は、値段が高いという場合にも使います。その場合の反対の意味の言葉は「安い」です。

⑥「前後《ぜんご》」という言葉もあります。

32・33ページ まとめのテスト②

1 ①さかな・げんき ②なまえ・おし ③いえ・いけ ④てん・まる ⑤なつ・くも ⑥とり・く

2 ①岩 ②光 ③組み ④数 ⑤買う ⑥引き ⑦羽 ⑧公園 ⑨足りる ⑩空 ⑪頭 ⑫歌

3 ①アどく イよ ②アはな イわ ③アい イぎょう ④アこえ イせい

4 ①イ ②ア

5 ①体・休 ②広・店 ③近・通 ④雨・雪 ⑤曜・晴

6 ①新しい ②聞こえる ③食べる ④考える

てびき

1 ⑥「来」は、「来《こ》ない」「来《こ》よう」「来《き》ます」「来《き》た」「来る」などと、下に続く言葉によって読み方が変わるので注意しましょう。

2 ②「光」は、動詞として使う場合は送りがなを付けて「光《ひか》る」と書きますが、名詞として使う場合は送りがなは付けず「光《ひかり》」と書きます。また書き順もまちがえやすい漢字です。「⺌」の部分は、最初に真ん中の縦棒を書きましょう。

3 漢字の読み方は一つだけとは限りません。①③④の漢字は二通り、②は三通りの読み方を習った漢字です。②「話」は「はなし」という読み方もいっしょに覚えておきましょう。

4 漢字は正しい書き順で書くと、正しく、はやく、美しく書けるようになり、覚えやすくなります。正しい書き順を身につけましょう。

①真ん中の縦棒は六画目に書きます。

②七画目に気をつけましょう。

5 ①「亻」は、人に関係のある漢字に付きます。

③「辶」は、進む動きや道に関係のある漢字に付きます。

⑤「日」は、時間や明るさ、天気などに関係のある漢字に付きます。

6 送りがなをまちがえやすい漢字です。特に①「新しい」④「考える」の送りがなに注意しましょう。

ことばでみちあんない
みの回りのものを読もう
書いたら、見直そう／かん字のひろば②

36〜38ページ れんしゅうのワーク

1
①あ ②わ ③にかい ④まわ ⑤みなお
⑥てがみ ⑦えんそく ⑧とも ⑨わ
⑩かい ⑪なお ⑫かみ

2
①会う ②分かる ③二回 ④回る
⑤見直す ⑥手紙 ⑦遠足 ⑧友 ⑨回
⑩直す ⑪紙

3
①名前が分かる。 ②二回音読する。
③黒いこまが回る。
④はしのもち方を直す。
⑤友だちに手紙を出す。
⑥遠足で海に行く。

4
①月・日 ②花 ③草 ④火・日 ⑤字
⑥文 ⑦水・日 ⑧雨 ⑨木・日 ⑩口
⑪耳 ⑫糸 ⑬金・日 ⑭天気 ⑮早
⑯土・日 ⑰花火 ⑱日・日 ⑲虫

どうぶつ園のじゅうい
ことばあそびをしよう

42・43ページ れんしゅうのワーク

1
①あさ ②かお ③たいせつ ④まいにち
⑤あ ⑥あいだ ⑦ひるまえ ⑧はんぶん
⑨さんにん ⑩でんわ ⑪にんげん
⑫あと ⑬そと ⑭たの ⑮かぞ ⑯した
⑰まいあさ ⑱でんしゃ

2
①朝 ②顔 ③大切 ④毎日 ⑤当てる
⑥間 ⑦昼前 ⑧半分 ⑨三人 ⑩電話
⑪人間 ⑫後 ⑬外 ⑭楽しむ ⑮数え
⑯親しむ ⑰毎朝 ⑱電車

なかまのことばとかん字
かん字のひろば③

47〜49ページ れんしゅうのワーク

1
①おや ②ちち ③はは ④あに
⑤おとうと ⑥ごぜん ⑦ごご
⑧よる(よ) ⑨きょうか ⑩こくご
⑪さんすう ⑫せいかつ ⑬おんがく
⑭ずこう ⑮たい ⑯しょうがっこう
⑰ぜんご

2
①親 ②父 ③母 ④兄 ⑤弟 ⑥午前
⑦午後 ⑧夜 ⑨教科 ⑩国語 ⑪算数
⑫生活 ⑬音楽 ⑭図工 ⑮体 ⑯小学校

3
①母は音楽がすきだ。
②弟に算数を教える。 ③午後から晴れる。

4
①先生 ②手 ③正しい ④目 ⑤口
⑥音 ⑦立つ ⑧赤い ⑨白い
⑩見つける ⑪花 ⑫大きい・石 ⑬中
⑭小さい ⑮一年生

●教科書 こくご二下 赤とんぼ

お手紙
主語と述語に 気をつけよう

53〜55ページ れんしゅうのワーク

1
①じぶん ②とき ③じかん ④かえ
⑤なに ⑥あ ⑦しん ⑧しんゆう
⑨なん ⑩さと ⑪こんしゅう
⑫とうばん ⑬がようし ⑭さんかく
⑮こうつう ⑯かざぐるま ⑰あか
⑱ほし ⑲あ ⑳こうばん ㉑ほしぞら

2
①自分 ②時 ③時間 ④帰る ⑤何
⑥合い ⑦親 ⑧親友 ⑨何 ⑩里
⑪今週 ⑫当番 ⑬画用紙 ⑭三角
⑮交通 ⑯風車 ⑰明るい ⑱星
⑲合わせる ⑳交番 ㉑星空

3
①自分のいけんを言う。
②家に帰る時間だ。
③親友に手紙をわたす。
④里いもを食べる。 ⑤今週の当番。
⑥画用紙に絵をかく。 ⑦三角の形に切る。
⑧交通あんぜんの話。 ⑨明るい星が光る。

かん字の読み方／秋がいっぱい そうだんにのってください

59〜61ページ れんしゅうのワーク

1 ①とうきょう ②きんぎょ ③あ ④ふる ⑤てら ⑥にしび ⑦よ(よる) ⑧あ ⑨げざん ⑩と ⑪みち ⑫のはら ⑬だい ⑭ふね ⑮こめ ⑯あき ⑰つく ⑱り ⑲あ ⑳と ㉑やまみち(さんどう) ㉒たかだい

2 ①東京 ②金魚 ③空き ④古い ⑤寺 ⑥西日 ⑦夜 ⑧明ける ⑨下山 ⑩止まる ⑪道 ⑫野原 ⑬台 ⑭船 ⑮米 ⑯秋 ⑰作る ⑱理 ⑲空く ⑳止める ㉑山道

3 ①東京で生活する。 ②古いお寺にむかう。 ③西日が当たる。 ④夜が明ける。 ⑤新しいお米を買う。 ⑥父が昼ごはんを作る。

紙コップ花火の作り方 おもちゃの作り方をせつめいしよう にたいみのことば、はんたいのいみのことば／かん字のひろば④

64〜66ページ れんしゅうのワーク

1 ①すこ ②たに ③ほそ ④ちょうほうけい ⑤うち ⑥こく ⑦しんぶん ⑧すく ⑨たにがわ

2 ①少し ②谷 ③細い ④長方形 ⑤内 ⑥黒 ⑦新聞 ⑧少ない ⑨谷川

3 ①少しずつ食べる。 ②谷にさく草花。 ③細い道をあるく。 ④長方形の色紙。 ⑤白い線の内がわ。 ⑥黒ばんに名前を書く。 ⑦朝おきて新聞を読む。 ⑧ことしは雪が少ない。

4 ①六百円 ②千円 ③九 ④四 ⑤五 ⑥一本 ⑦百円玉 ⑧七十円 ⑨八人 ⑩三 ⑪犬 ⑫二

みきのたからもの 冬がいっぱい

68・69ページ れんしゅうのワーク

1 ①さく ②とお ③くび ④いっしょう ⑤な ⑥こころ ⑦ふゆ ⑧てくび ⑨な ⑩こころ ⑪ふゆ

2 ①作 ②遠い ③首 ④一生 ⑤鳴く ⑥心 ⑦冬 ⑧手首 ⑨心 ⑩冬

3 ①交番まで遠い。 ②キリンの首は長い。 ③一生けんめい考える。 ④鳥の鳴く声。 ⑤心をこめて歌う。 ⑥さむい冬の夜。

冬休み まとめのテスト①・②

70・71ページ まとめのテスト①

1 ①にかい・わ ②とも・えんそく ③あさ・かお ④ひるまえ・そと ⑤よる・さんすう ⑥きょうか・たい

2 ①会う ②手紙 ③大切 ④毎日 ⑤当てる ⑥後 ⑦父 ⑧兄 ⑨国語 ⑩生活 ⑪音楽 ⑫図工

3 ①イ ②ア ③ア ④イ ⑤ア ⑥イ

4 ①アおや イした ②アとき イじ ③アかん イげん ④アなん イなに

5 ①鳴 ②理

6 ①電 ②野 ③分 ④聞

7 ①7(七) ②12(十二) ③10(十) ④11(十一)

てびき

1 ⑥「体育《いく》」の読み方は「たいいく」です。「たいく」としないようにしましょう。

2 ⑤「当」の「⺌」の部分を「ッ」と書かないようにしましょう。「⺌」の部分は真ん中の縦棒を先に書きます。また、「当てる」は、送りがなもまちがえやすいので気をつけましょう。

⑪「楽」は、真ん中の「白」から書きます。

3 ②「止まる」は送りがなをまちがえやすい漢字です。

5 ②「王」の部分の最後の一画は、なな め右上に上げるように書きます。

7 ②「辶」の部分は、三画で書きます。

72・73ページ まとめのテスト❷

1 ①こんしゅう・とうばん ②がようし・さんかく ③ふね・とうきょう ④てら・ど ⑤あき・こめ ⑥すこ・ふゆ

2 ①自分 ②合い ③里 ④交通 ⑤風車 ⑥星 ⑦道 ⑧台 ⑨細い ⑩長方形 ⑪首 ⑫心

3 ①明ける ②親しむ ③回す ④楽しむ ⑤帰る

4 ①(順不同)昼・夜 ②(順不同)海・池・谷

5 ①外 ②古 ③遠 ④明 ⑤後

6 ①4(四) ②1(一)

7 ①新・親 ②毎・母 ③間・聞

てびき

1 ⑥「少」には、「すこ(し)」の他に、「すく(ない)」という読み方もあります。どちらも送りがなに気をつけましょう。

2 「辶」の部分は、最後に書きます。④は「甬」、⑦は「首」を書いてから最後に「辶」を書きます。

3 ①「明」には、「明ける」の他にも、「明るい」「明るむ」「明かす」など送りがなが付く読み方がいくつかあります。しっかり覚えましょう。

③「回す」を「回わす」としないようにしましょう。

⑤「帰る」を「帰える」としないようにしましょう。

4 同じ仲間の漢字は、いっしょに覚えましょう。

①一日の時間帯を表す漢字です。

②自然や地形を表す漢字です。

5 反対の意味の言葉は、いっしょに覚えましょう。①「内外《ないがい》」、③「遠近《えんきん》」という言葉もあります。

⑤「午前」は、夜の十二時から昼の十二時まで、「午後」は昼の十二時から夜の十二時までを指します。なお、昼の十二時ちょうどは「正午」です。

6 ①「西」は、書き順と形に気をつける漢字です。四画目「丿」ははらいます。五画目「乚」は曲げて書きます。まっすぐ書いて「西」としないようにしましょう。

②「止」は「上」と同じで、真ん中の縦棒から書きます。

7 形が似ていてまちがえやすい漢字です。異なる部分に気をつけて書きましょう。

①「新」と「親」は同じ読み方をするので特に気をつけましょう。

②「母」を「毋」と書かないようにしましょう。「母」も「毎」も、つきぬける横棒は最後に書きます。

かたかなで書くことば／ロボット
カンジーはかせの大はつめい
すてきなところをつたえよう

77・78ページ れんしゅうのワーク

1 ①あまど ②な ③がいこく ④つうこう ⑤むぎちゃ ⑥くに ⑦とち ⑧いちば(しじょう) ⑨か ⑩こた ⑪ある ⑫こうじょう(こうば) ⑬てんさい ⑭がったい ⑮もん ⑯ゆみや ⑰けいさん ⑱しつ ⑲ちず ⑳ひろば ㉑きょうしつ

2 ①雨戸 ②鳴る ③外国 ④通行 ⑤麦茶 ⑥国 ⑦土地 ⑧市場 ⑨家 ⑩答える ⑪歩く ⑫工場 ⑬天才 ⑭合体 ⑮門 ⑯弓矢 ⑰計算 ⑱室

スーホの白い馬／かん字の広場⑤
楽しかったよ、二年生

81～83ページ れんしゅうのワーク

1 ①うま ②そうげん(くさはら) ③しょうねん ④きた ⑤うし ⑥にじっとう(にじゅっとう) ⑦く ⑧きょうだい ⑨ば ⑩はし ⑪う ⑫けらい ⑬よわ ⑭ね(おと) ⑮つよ ⑯きたかぜ ⑰よわび

2 ①馬 ②草原 ③少年 ④北 ⑤牛 ⑥二十頭 ⑦食われる ⑧兄弟 ⑨馬 ⑩走る ⑪売る ⑫家来 ⑬弱る ⑭音 ⑮強い

3 ①草原を馬が走る。 ②少年の話を聞く。 ③北にむかって歩く。 ④牛が弱る。 ⑤兄弟で歌う。 ⑥強い風がふく。

4 ①青空 ②上 ③右 ④左 ⑤下 ⑥出る ⑦入る ⑧女・子 ⑨足 ⑩男・子 ⑪力 ⑫休む ⑬竹馬 ⑭名人

2年　しあげのテスト①・②

84・85ページ しあげのテスト①

1 ①いちば(しじょう)・むぎちゃ ②くに・とち ③けいさん・こた ④けらい・ゆみや ⑤しょうねん・はし ⑥にじっとう(にじゅっとう)・うし

2 ①雨戸 ②通行 ③天才 ④門 ⑤室 ⑥草原 ⑦北 ⑧兄弟 ⑨売る ⑩弱る ⑪音 ⑫強い

3 ①鳴らす ②歩く ③弱い ④強まる

4 ①歩 ②知

5 ①3(三) ②4(四)

6 ①アた イく ②アあ イがっ ③アそと イがい ④アうま イば

7 ①(順不同)馬・牛 ②(順不同)黒・茶・黄

てびき

1 ②「土地」は「とち」と読みます。

2 ①「雨戸」は、読み方にも注意する言葉です。「あめど」「あまと」としないようにしましょう。

③「才」は、かたかなの「オ」と同じ形にならないようにしましょう。「才」の「ノ」の部分は縦棒より少し右に出して書きます。

⑦「北」は、「丶 十 扌 北 北」と書きます。左側の部分は「扌」ではありません。形に気をつけましょう。

3 ③「弱」には、「弱い」の他に、「弱る」「弱まる」「弱める」の送りがなが付く読み方があります。

④「強」には、「強まる」の他に、「強い」「強める」などの送りがなが付く読み方があります。

5 ②「走」の「龰」の部分は、「丨 ト ⺊ 龰」と、真ん中の縦棒から書きます。

6 ①「食」は、送りがなによって読み方が変わるので注意しましょう。

7 同じ仲間の漢字は、いっしょに覚えましょう。

①動物を表す漢字です。

②色を表す漢字です。他に「赤」「白」などがあります。

86～88ページ しあげのテスト②

1 ①にちようび・としょ ②は・おお ③まいにち・とお ④ほし・かぞ ⑤じぶん・かえ ⑥ふる・てら

2 ①言う ②話す ③高い ④風 ⑤切れる ⑥元気 ⑦教える ⑧顔 ⑨今週

⑩画用紙　⑪野原　⑫鳴く

3 ①明るい　②考える　③回る　④楽しい

4 ①アいえ　イか　ウけ
②アすく　イすこ　ウしょう

5 ①親・新　②牛・午　③地・池　④万・方

6 ①強　②行　③細　④売　⑤前　⑥夜

7 ①7(七)　②9(九)

8 ①交・公　②園・遠　③合・会

9 ①4(四)　②8(八)　③5(五)　④1(一)

10 ①(順不同)夏・秋・冬
②(順不同)西・南・北
③(順不同)母・兄・姉・弟・妹

11 ①絵・線・組　②記・語・読・計
③雲・雪・電

てびき

1 ④「かぞえる」を「かずえる」としないようにしましょう。

2 ②「話」は、動詞として使う場合は送りがなを付けて「話《はな》す」「話《はな》し合う」などと書きますが、名詞として使う場合は送りがなは付けず「お話《はなし》」「話《はなし》を聞く」などと書きます。
⑫「鳴」は、ねこや鳥、虫など動物が「なく」という意味を表す言葉です。人が「なく」ときは「泣く」を使います。

3 ②「考える」を「考がえる」「考る」などとしないようにしましょう。

4 読み方がたくさんある漢字です。②「少」は、送りがなによって読み方が変わるので注意しましょう。

5 形が似ていてまちがえやすい漢字です。②「牛」は、四画目の縦棒を上につき出して書きます。
③「土」は土に関係がある漢字に、「氵」は水に関係がある漢字に付きます。

6 ①「強弱《きょうじゃく》」、④「売買《ばいばい》」という言葉もあります。

7 ①「斤」の部分の「𠂆」は、二画で書きます。
②「毎」の部分の「𠃋」「㇆」は、それぞれ一画で書きます。

8 ②「⺮」の部分の形と書き順に気をつけましょう。「ノ ィ ャ ⺮」の順で書きます。
③「合う」は、「一つにする・ぴったりする」などの意味で使います。「話し合う」「語り合う」のように、動作を表す言葉の後に付けて使うことも多いです。「会う」は、「人と人が集まる」という意味で使います。このように、同じ読み方で形の似ている漢字は、特にまちがえやすいので注意しましょう。

9 ①「何」の書き順は、「ノ亻仁仃佰何何」です。
④「長」の書き順は、「丨ΓFF⺲镸長長」です。

10 同じ仲間の漢字は、いっしょに覚えましょう。
①季節を表す漢字です。「春夏秋冬《しゅんかしゅうとう》」という四字熟語にもなります。
②方角を表す漢字です。「東西南北《とうざいなんぼく》」という四字熟語にもなります。
③家の人を表す漢字です。

11 ③「⻗」は、雨や天気に関係のある漢字に付きます。「⻗」の三画目は「𠃍」ではありません。「冖」と書きます。

3 2 1 0 9 8 7 6 5 4
＊ ＊ D C B A